まちがいだらけの老人介護

心と体に「健康」をとりかえす82の方法

船瀬俊介
医療ジャーナリスト

興陽館

いま介護をしている人
いま介護をされている人
なにかがまちがっていませんか？

寝たきりになって
ためいきをついている……
日に日に老いて弱っている……

いつのまにか生きる力と健康を
うばわれていませんか?

早死にしないため
健康でいるため
幸せに長生きするため
その介護はほんとうに正しい？

大切なのは真実を知ることです。

「ひとに頼らず、おのれに頼れ」

この本では
心と体に「健康」をとりかえす
具体的な「おねがい」を書きました。

真実

まえがき

生きる力と心を、うばってはいけない

――「自立を助ける」。これが真の介護です

❖老人を寝たきりにして食い物に

「私は介護士、やめました！」

目の前で、きっぱりいい切った、ひとりの女性Oさんの決意です。

――どうして？ とわたしはたずねます。

「先生のおっしゃるとおりです。介護も医療とまったく同じです。老人をわざと寝たきりにして、食事漬け、クスリ漬けで、死ぬまで食いものにしています」

――いわゆる介護利権だネ……。

「そうです！　介護現場はひどすぎます。わたしは、本に書いて告発したいぐらいです」

この介護現場からの生々しい告発にたいして、政府はなにも答えてくれません。

介護学のセンセイたちも、知らぬ顔です。

そして、ベッドでうつろな顔で、ただ死ぬのを待つお年寄りの数は、空恐ろしい勢いで増えています。

日本の寝たきり老人は、ヨーロッパの八倍、アメリカの五倍といわれます。

なぜ、これだけの大差がついてしまったのでしょう？

日本は長寿国だと、政府は自慢します。

しかし、人生の終わり約一〇年は、要介護老人なのです。

あなたは、二〇二五年問題……
という言葉を聞いたことがありますか？
そのとき、「団塊の世代」約八〇〇万人が、後期高齢者七五歳以上になるのです。
このまま、日本の介護が行われ続けるなら、かれらもまた欧州の八倍、アメリカの五倍
……という〝寝たきり老人〟となるでしょう。

その膨大な介護費用を、いったいだれが負担するのでしょう?
その膨大な介護労働を、いったいだれが負担するのでしょう?

❖北欧は天国、日本は地獄……

この本は、そんな介護の現実にたいする提案です。
介護の現場では、介護士さんたちの笑顔に心がいやされます。
そして、思いやりと、いたれりつくせりの介護……。
お年寄りたちも、それに安心して、たよりきっています。
そのとき、ふと、一人の友人Y君の言葉を思い出しました。
Y君は、大手生命保険会社の部長をしています。
彼と久しぶりに酒をくみ交わしているときに、こうつぶやいたのです。
「……**日本の介護は地獄です**」
おどろいて、そのわけを聞き返しました。
彼は会社の研修旅行で北欧の介護施設を視察して回ったそうです。

そのとき、欧州の老人介護と、日本の介護の格差に、がくぜんとしたのです。

どこが、ちがうの？　わたしは、たずねます。

「向こうの介護とは『自立させる』こと。ベッドに寝たきりなら、起きれるように。起きることができたら、立てるように。立つことができたら歩けるようにする……。それが、基本です」

――ナルホド、そうか……。

「まず、歩いて自分でトイレに行けるようにする。歩けたら、今度は外に散歩させる。介護士は、付き添っているけど、じっと見まもるだけ。手を取ったりとかしない。そして、転びそうになったときだけ、サッと支えてやる」

――そうして、ふつうの生活ができるようにする。

「そうです。だから、向こうの施設の老人たちの顔は明るい。笑顔で迎えてくれました。日本の老人は、顔が暗い。死んでいます」

――そういえば、老人施設のお年寄りは、表情が沈んでいる……。

「あちらは天国、日本は地獄です……ネ」

彼は、ポツリとつぶやいて、大きくため息をもらした。

❖完全介護は〝最悪介護〟とは！

——日本は、なんでもやってあげるのが〝介護〟だと思っている。

「そうです。完全介護は、〝最悪介護〟なんです」

北欧の老人施設を視察に訪れたとき、彼は、お年寄りたちが、全員ハーイ！と手を振って、笑顔で迎えてくれたことに、おどろいた。

日本の老人施設では、まず見られない光景でしょう。

さらに、お年寄りたちが、めいめい、カラフルな衣装でおしゃれを楽しんでいることにも感心した、という。

「年をとっても、人生を前向きに楽しんでいる！　恋愛？　それもあるでしょうね」

この、あちらと、こちらのちがいには、国民性もあるでしょう。

「日本人は、やさしい、親切だ」

これは、海外から来た方たちが、口をそろえていう言葉です。

その〝やさしさ〟が、介護現場での〝完全介護〟となっているのですね。

しかし、欧州の介護施設を見てきたY君は、**完全介護は〝最悪〟**と首をふるのです。

お年寄りのためと思ってつくしている介護が、知らないうちに、その生きる力と心を奪っている……としたら、これほど悲しいかんちがいはありません。

――自立を助ける――

そのためには、どうしたらいいのか？
その提案として、本書をまとめました。
本書の提案は、介護関係者のためだけではありません。
これから、老いていくあなた自身への提案でもあります。

――ひとに頼らず、おのれに頼れ！――

まずは、その気概をもって生きていきましょう！

外国の老人施設のお年寄りはおどろくほど明るく元気！

まちがいだらけの老人介護 ▽ 目次

● 目次 CONTENTS

第2章

「お肉食べすぎ」

動物食は、老人を殺す！ 菜食メニューにシフトを！

第3章 「寝かせすぎ」

一日寝ると一年老ける。「寝かせきり」は虐待だ

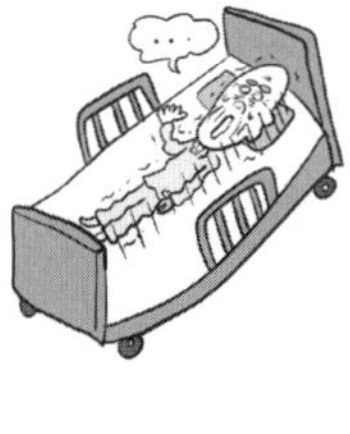

第4章

「座りすぎ」

座るほど弱り、病み、老ける

第5章

「かまいすぎ」

完全介護は〝最悪介護〟です！

第6章

「甘やかしすぎ」

認知症……〝赤ちゃん返り〟をさける

第7章 「洗いすぎ」

皮ふ病、ハゲ、白髪の原因に

第8章 「足腰、弱すぎ」

立つ、歩く、走る、これで、まともな人生だ

第9章 「筋力」は、「骨力」だ！

一に筋トレ、二に筋トレで、ちぢまない、まがらない

第10章 ヒザ痛、猫背、腰まがりは、介護の責任

運動不足と悪い姿勢をチェックしてください

第11章 運動不足は、早死に！

布団敷き、掃除、軽い作業をサッサとやらせる

第12章

もっと笑いを！

人生を楽しむ欧米、人生を諦めた日本の差

第13章 介護現場はまさに地獄！

「マジでやばすぎ」、日本の介護

第14章 隠れた死因は〝薬死〟だ！

①少食、②菜食、③長息、④筋トレ、⑤笑い、自然療法で治せ！

第15章

死ぬまで恋を!

SEXが多いほど長生きする!

第16章

「眠るように……」

死ぬことも、また楽しい

第17章 「ここがおかしい日本の介護」

日本は寝かせきり老人、世界ワースト1

第18章 「健康寿命一二〇歳！」

長寿郷の超老人たちに学ぼう！

あとがき

目覚めよ！　八〇〇万人、団塊の世代――ひとに頼るな、おのれに頼れ

装丁……福田和雄（FUKUDA DESIGN）
カバー・本文イラスト……つぼいひろき

第1章

「食べさせすぎ」

老人に一日五食とは！　食べる人ほど、早く死ぬ

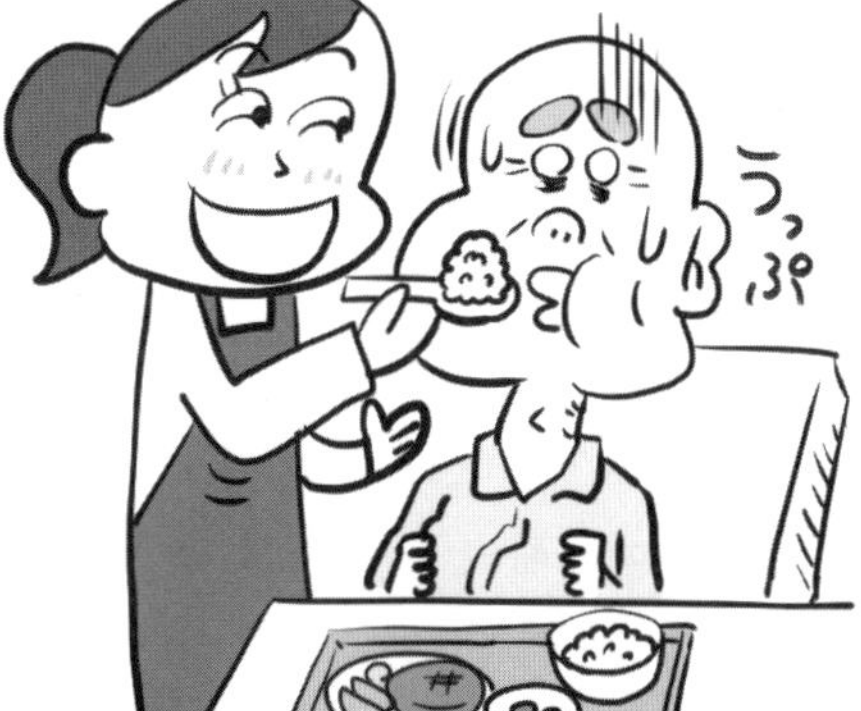

01

腹八分で医者いらず腹六分で老いを忘れる

❖「腹四分で神に近づく」

あなたは「腹八分で、医者いらず」という諺《ことわざ》は、ごぞんじでしょう。

それは、さらにこうつづきます。

「腹六分で老いを忘れる」「腹四分で神に近づく」

これは、五〇〇〇年以上の歴史を誇るヨガの教えです。

さらに、ヨガの奥義《おうぎ》は、こう教えます。

――断食（ファスティング）は、万病を治す妙法である――

つまり、なにも食べない断食、さらに少し食べる少食は「万病を治す」と断言しているのです。耳をうたがうひとは、多いはずです。

なぜなら、そんなことは、学校で習っていないからです。

新聞も、テレビも、そんなことは、一言も流しません。いいません。

それどころか、大学医学部の教授は、「断食」と聞いただけで「餓死しますッ！」と叫びます。「少食」と聞いただけで「栄養失調になりますッ！」と、これまた絶叫するのです。

なぜなら、日本全国のえらいセンセイがたは、大学医学部の授業で、ファスティングの治療効果や健康効果について、まったく習っていないからです。

02

食べる量を半分にすれば約二倍生きる！

❖食べない工夫！　空腹を楽しめ！

ヨガの教えにもどりましょう。

わたしの尊敬する沖正弘導師は、こう喝破《かっぱ》しました。

「食べる工夫でなく、食べない工夫をしろ！」

「空腹を楽しめ」

「腹が減るほど調子がでる」

わたしは一日一食を実践して、沖先生の教えが、まさに正しかったことを実感しています。　現在六七歳ですが、髪は真っ黒、筋肉隆々、老眼もありません。
①少食、②菜食、③筋トレ、④長息、⑤笑い……
ヨガの五大行法を、日課として行ってきた成果でしょう。

❖マウスは腹六分で二倍生きた

ヨガの教え、「腹六分で老いを忘れる」を証明する実験もあります。


――マウスの餌《エサ》の摂取カロリーを六〇％にしたら、すべて二倍生きた――

（米コーネル大、C・M・マッケイ教授論文　一九三五年）

この画期的研究は、その後、学界やメディアから黙殺されてきました。

いうまでもなく、〝食料利権者〟にとって「不都合な真実」だったからです。

同様の結果は、いくつものサルの実験でも証明されています。

それどころか、カロリー制限は、あらゆる動物の寿命を一・五〜二倍のばすことが、立証されているのです。

おどろいたことに単細胞生物（酵母）から、プランクトン（ミジンコ）、線虫、昆虫（クモ）、ネズミ（ラット）……まで、「食べないほど、長生き」しているのです。

❖長寿遺伝子発見でわかった真理

食べる量を少なくするほど、長生きする……。

古今東西、どの国にも――少食長寿――という教えがあります。

ヨガでは、一生の間に、食べられる食物の量は決まっている……と教えます。

だから、大飯喰《おおめしぐ》らいは、早く、飯の〝食いおさめ〟が来るのです。

その謎を解明したのが、長寿遺伝子の発見です。

（米マサチューセッツ工科大、レオナルド・ガレンテ教授　一九九九年）

まず、老化とは、いったいどのような現象でしょう？

それは、細胞の遺伝子が傷つくことで起こります。遺伝子を傷つけるのは、活性酸素と放射線です。若い頃は、遺伝子が傷ついても修復能力があるので、回復します。

しかし、年をとっていくと、その修復能力がおとろえます。すると、遺伝子は傷ついたままです。そんな細胞からは、傷ついた細胞が生まれます。これが、老化細胞です。具体的にいえば、シミ、しわ、白髪《しらが》……などです。こうして、老化現象が進んでいくのです。

ところが、ガレンテ教授は、カロリー制限をすると、老化を防止する遺伝子がオンになることを発見したのです。それを、博士は長寿遺伝子（サーチュイン）と命名しています。

具体的には、カロリー制限による空腹刺激で、体細胞の遺伝子周囲を覆うバリヤー（保護層）で形成され、活性酸素や放射線（紫外線など）による遺伝子損傷を防ぐのです。

これが、カロリーを半分近くに減らすと、寿命が二倍にのびるメカニズムでした。

これは、逆もいえます。つまり、食べてよい量の二倍も食べているため、本来の寿命の半分という短命で死んでいる！　これは、介護にもいえます。

多く食べさせるほど早く死ぬ。少なく食べさせるほど長く生きる。

03

無理に食わせるのは「死ね！」というのと同じ

❖一日五食は〝殺人〟ホーム？

待遇の良い（？）老人ホームの食事は、一日五食と聞いて絶句しました。

それは、①朝七時（朝食）、②午前一〇時（朝のオヤツ）、③昼一二時（昼食）、④午後三時（午後のオヤツ）、⑤七時（夕食）……の計五回！

ふだん一日一食のわたしは、聞いただけで、気分が悪くなってくる。

これだけ、食べさせられたら、とても長生きできないナ……と思う。

そうだ！　一日五食も食べさせる老人ホームの狙いは、老人を長生きさせないことなのだ。そう確信する。

「高級、高額な老人ホームほど、一日五回も食べさせる」

呆れるのは菅野喜敬《かんのよしたか》医師。彼は、日本の断食療法の権威で、数千人を治療した実績を誇ります。

「家族にも問題があります。入居するとき、まずチェックするのは、なにを食べさせているか？です。そして、一日五食だと『キチンと食べさせている！』と喜ぶ。夕食にステーキなどのメニューがあると『ご馳走を出す！』と喜ぶ。だから、ホーム側も、客を獲得するために、食事にはヨリをかけるんです」

つまり、家族もホームも、どちらも〝善意〟のかんちがい。

❖狙いは長生きさせないため

「腹六分で老いを忘れる」というヨガの教えを思いだしてほしい。

「カロリー六割で二倍生きたマウスの実験」を思いだしてほしい。

そして――、大飯喰らいの〝食いおさめ〟の教訓を……。

無理やり一日五食を老人に食べさせるのは「死ね！」というのと同じです。

「一日五食をキチンとお出ししていますから」とほほ笑む老人ホームは、「そうして、キチンと早めに死なせますから」と、ほほ笑んでいるのと同じなのです。

「老人ホームから脱出して参りました！」

わたしの古い知人の戸田達道さんが、明るい笑顔の大声で訪ねてきた。

もうすぐ八九歳とは思えぬかくしゃくぶり。肌の色つやもよい。

ホームの食事をたずねると、そこは一日三食だという。

二度のオヤツがないだけ、まだましといえる。

「それでも、ワシは一日二食。健康のため食べないと、館内放送で『戸田さーん、まだ食事がすんでませんよー』とやられる。かないませんよ。だから逃げ出すことにした（笑）」

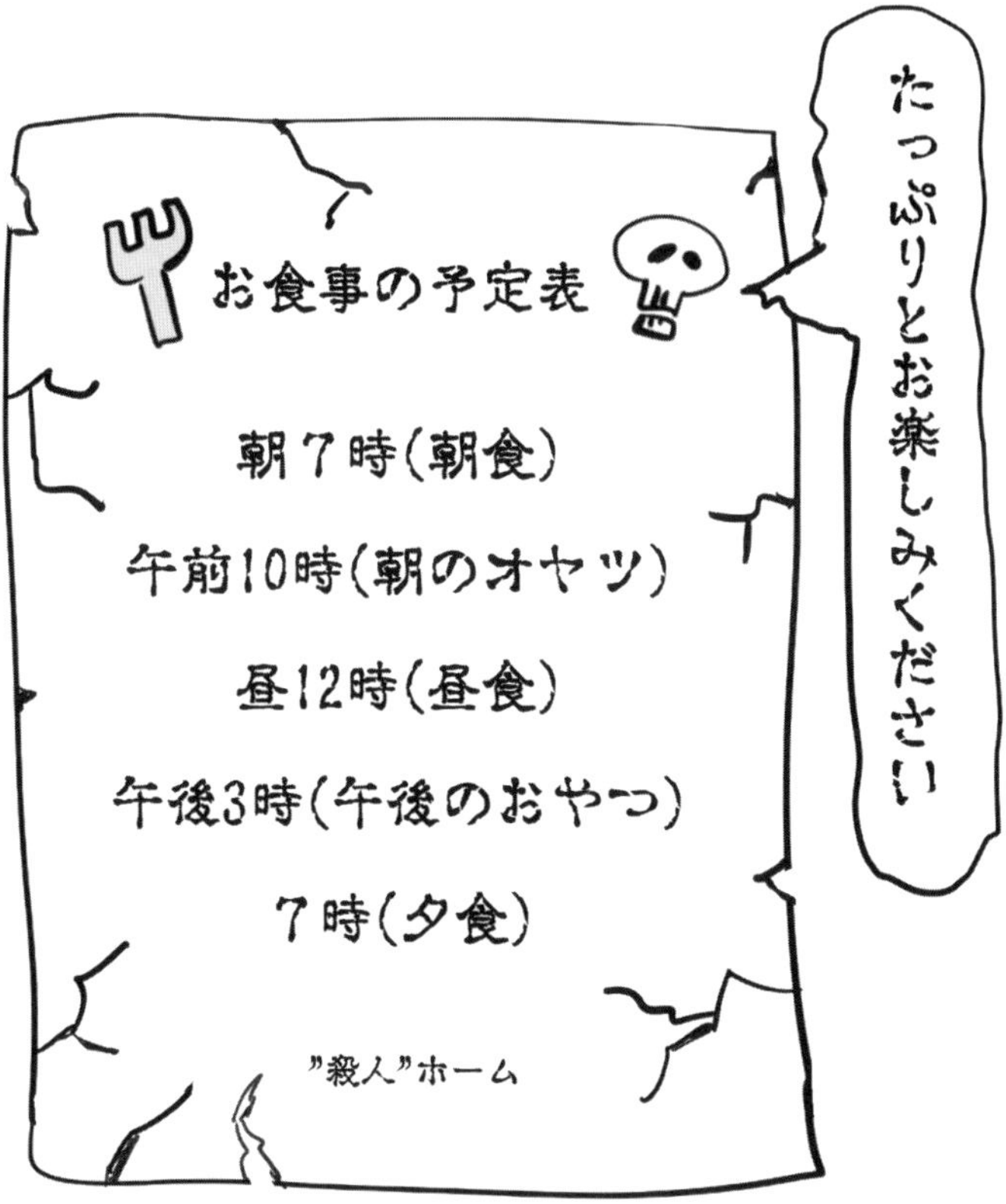

一日五食を老人に食べさせるのは「死ね！」と同じ。

04

体が「いらない！」と悲鳴をあげても

❖無理やり口に押し込む

「年寄りに無理やり食べさせるのは拷問と同じサ」

呆れるのは安保徹・新潟大名誉教授。

「食べたくないのに、無理やり口に押し込む。外から胃に穴あけて流し込む〝胃ろう〟なんて最悪。食欲ないのにドンブリ飯食ったら苦しいでしょ。アレと同じ」

老人への〝食わせすぎ〟の悲喜劇を、中村仁一《じんいち》医師も指摘する。

「……介護現場には、『食べないから死ぬ』という強い思い込みがあります。

その結果、どうしても、長い時間をかけて、強制的に押し込んでしまいます」

（『大往生したけりゃ医療とかかわるな【介護編】』幻冬舎）

体が「いらない！」と悲鳴をあげている。なのに、ムリに口に押し込む。

「だから、受け付けずに吐く」「飲み込みも悪くなっている」「のどのあたりに引っかかってゴロゴロ……」「すると、吸引という荒技を使ってゴロゴロを除去する作業をして苦しめなくてはなりません」（同医師）

いやはや、想像するのも辛い。まさに、老人虐待の残酷物語そのもの……。

だけど、介護士は〝善意〟のかたまりで必死だ。

「『もう欲しくない』という言葉を発せられなくても、口を開かないとか、眉根を寄せるとか、溜息をつくとか、口の中にいれられたものを、なかなか飲み込まないなどの、なんらかの合図を出しているはずです。このサインが読み取れないようでは、ほんとうの介護職とはいえません」(同医師)

❖ムリに押し込み召し上がれ！

ただし、プロ意識が高い介護士ほど、やっかいなのだ。

「……現実には、完食（業界用語で全部食べさせること）させることが、プロの介護職の腕の見せ所だと思っている人が多いのです」(同医師)

こうなると、熱心さが仇《あだ》となる。

「たしかに、三〇分も、一時間もかけて、ときには、自分の休憩時間をさいてまでの熱意は多とするのですが……『ゆうべは、三口召し上がって頂きました（業界用語で、ムリヤリ口へ押し込むことを、〝召し上がる〟といいます）』『そうか、三口も召し上がられたか。よほど、悪い星の下に生まれたんだな、可哀相《かわいそう》に……』と、わたしは同情を禁じません」

中村医師は、ただこうして嘆じるのです。

現場の介護職のかたがたは、この嘆きをどう聞かれますか？

スペインの老人ホームで行われた興味深い実験報告があります。

A：食べたいだけ毎日食べさせる。

B：腹六分の食事を、毎日与える。

C：腹十分の日と断食日を交互にする。

これら三組で、もっとも長生きだったのはC組でした。

続いてB組、もっとも不健康で早死にしたのは飽食A組でした。

つまり、満腹と空腹刺激が繰り返されるほど、長命になることが判ったのです。老人介護でも、まったく盲点のはずです。

これからの老人介護のヒントにしてほしいと思います。

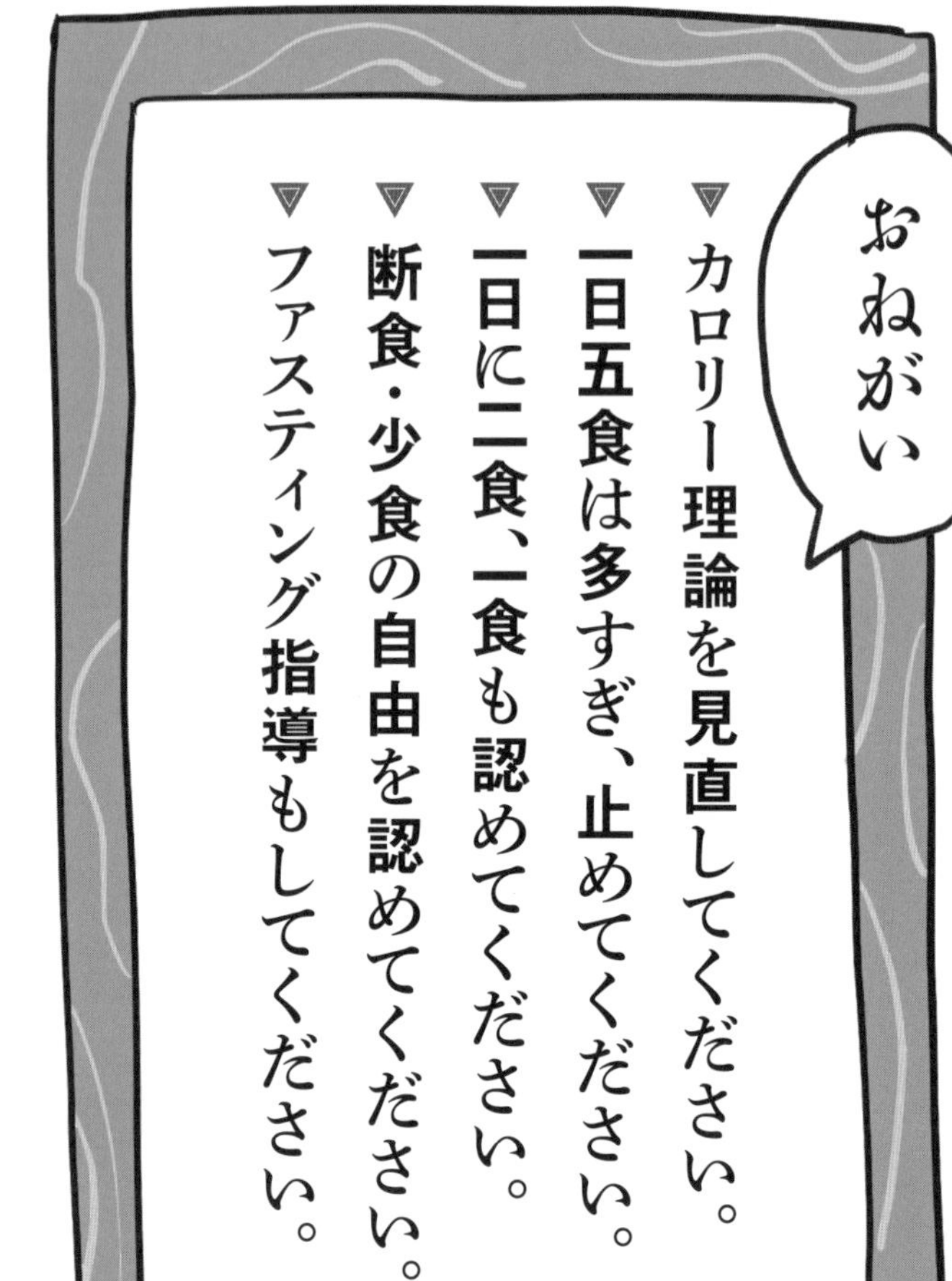
おねがい
▼カロリー理論を見直してください。
▼一日五食は多すぎ、止めてください。
▼一日に二食、一食も認めてください。
▼断食・少食の自由を認めてください。
▼ファスティング指導もしてください。

第2章

「お肉食べすぎ」

動物食は、老人を殺す！　菜食メニューにシフトを！

05

ペテン栄養学に〝洗脳〟された悲喜劇

❖肉食え、卵食え、牛乳飲め

日本の老人ホームなど福祉施設では、肉類や動物食メニューをふつうに出しています。それどころか、栄養士は「肉や牛乳、卵」など動物たんぱく質を〝優良〟たんぱくと、いまだサッカクしている人が多いのです。

「優良たんぱくの肉料理や、牛乳、チーズなどの乳製品、卵などを積極的に食べてもらい、お年寄りに元気になってもらう」と、本気で信じている栄養士が大半です。

だから、老人ホームなど老人施設でも、これら肉料理、牛乳、チーズ、卵などを積極的にメニューに加えます。肉料理などがズラリと出ると入所者も大喜び。家族も大満足です。

まったく、どっちも、こっちも、かんちがいなのです。

しかし、このメニューの責任を持つ管理栄養士さんたちを、責めるわけにはいきません。栄養大学などの教科書では、いまだペテンのフォイト栄養学が中心を占めているからです。

だから、栄養学の分野でも、医学と同じ悲喜劇が、くり広げられています。

ここまで書いても、当の栄養士さんですら、キョトンとするだけでしょう。

自分が習った栄養学がペテンといわれれば、ムカつくだけでしょう。

「いい加減なことをいわないで！」

「素人になにがわかるのよ！」

❖動物食は老人を〝殺す〟

ここでも、世界の医学、栄養学を支配してきた〝闇の支配者〟たちの高笑いが聞こえてきます。

ちなみに、その支配者のロックフェラー一族などは、肉を口にしないベジタリアンが、ほとんどです。

そして、クスリも飲まない。

医者も近づけない。

一〇一歳まで生きたディビッド・ロックフェラーがまさにそうでした。

英国王室もそうです。

知らぬは、残りの〝家畜〟あつかいの人類九九％のみ……なのです。

わたしの手もとに『介護スタッフのための』と銘うった『安心！「食」のケア』（秀和システム）というガイドブックがあります。

こころみに、索引で「肉」の項目を引く。

しかし、「肉」に関する注意は一字一句もない！　「牛乳」「乳製品（チーズなど）」についてもゼロ……。

「これらのどこがいけないの！」栄養士さんも、キレて大声を上げそうですね。

その理由は、ただひとつ。

これら動物食は、お年寄りの死亡リスクを高めるからです。

はやくいえば、つぎのとおりです。

――動物食は老人を〝殺す〟――

とりわけ、老人食は、菜食にシフトすべきなのです。

その証拠を、以下に述べます。

アメリカでは、刑務所で①普通メニュー、②ベジタリアン食、③回教徒向け（豚肉抜き）の三通りあるそうです。

日本の福祉施設も見習うべきでしょう。

06

お肉を食べさせると、八倍心臓病で死ぬ

❖二万五〇〇〇人の二〇年調査データ

あなたは、お肉大好きですか？

なら、59頁の（グラフA）を見てください。

あなたは、ショックを受けるかもしれません。

これは、ベジタリアンと、普通にお肉を食べる人の心臓病による死亡率をくらべたものです。肉好きの人（左）は動物食をまったく食べない菜食者（中央）の八倍も心臓病で死んでいます。

この調査を行ったのはローランド・L・フィリップス博士。アメリカでもっとも著名な疫学者のひとりです。

彼の研究チームは、カリフォルニア州のセブンス・デイ・アドベンティスト（SDA）というキリスト教の一派に注目しました。

その信者たちは、教義にしたがい菜食者であることで有名です。

かれらの健康状態と、肉食がふつうのアメリカ人とを比較して、肉食の健康への影響を調べようとしたのです。

調査の対象は約二万五〇〇〇人にものぼりました。

研究スタッフは、六年の歳月をかけて一人一人の聞き取り調査を実施したのです。
そして、その後の追跡観察は二〇年間もの長きにわたって実行されました。

❖ベジタリアンの心臓病死は八分の一

その結果は衝撃的なものでした。

ふつうに肉を食べている アメリカ人は、動物食をいっさい口にしない菜食者（ヴィーガン）に比べて八倍も心臓病で死んでいたのですから……。

ＳＤＡ信者でも、牛乳など酪農製品、さらに卵は口にする人もいました。（グラフの非ベジタリアン）。その死亡率は肉食者の三七％。ゆるい菜食者でも、心臓病死を約三分の一に減らすことが証明されたのです。

はやくいえば、動物食を口にしない日々を送れば心臓病で死ぬリスクを八分の一に減らすことができるのです。

■ ヴィーガン（完全ベジタリアン）の心臓病死は一般人の８分の１

セブンス・デイ・アドベンティストにおける
ヴィーガンと非ベジタリアンの死亡率

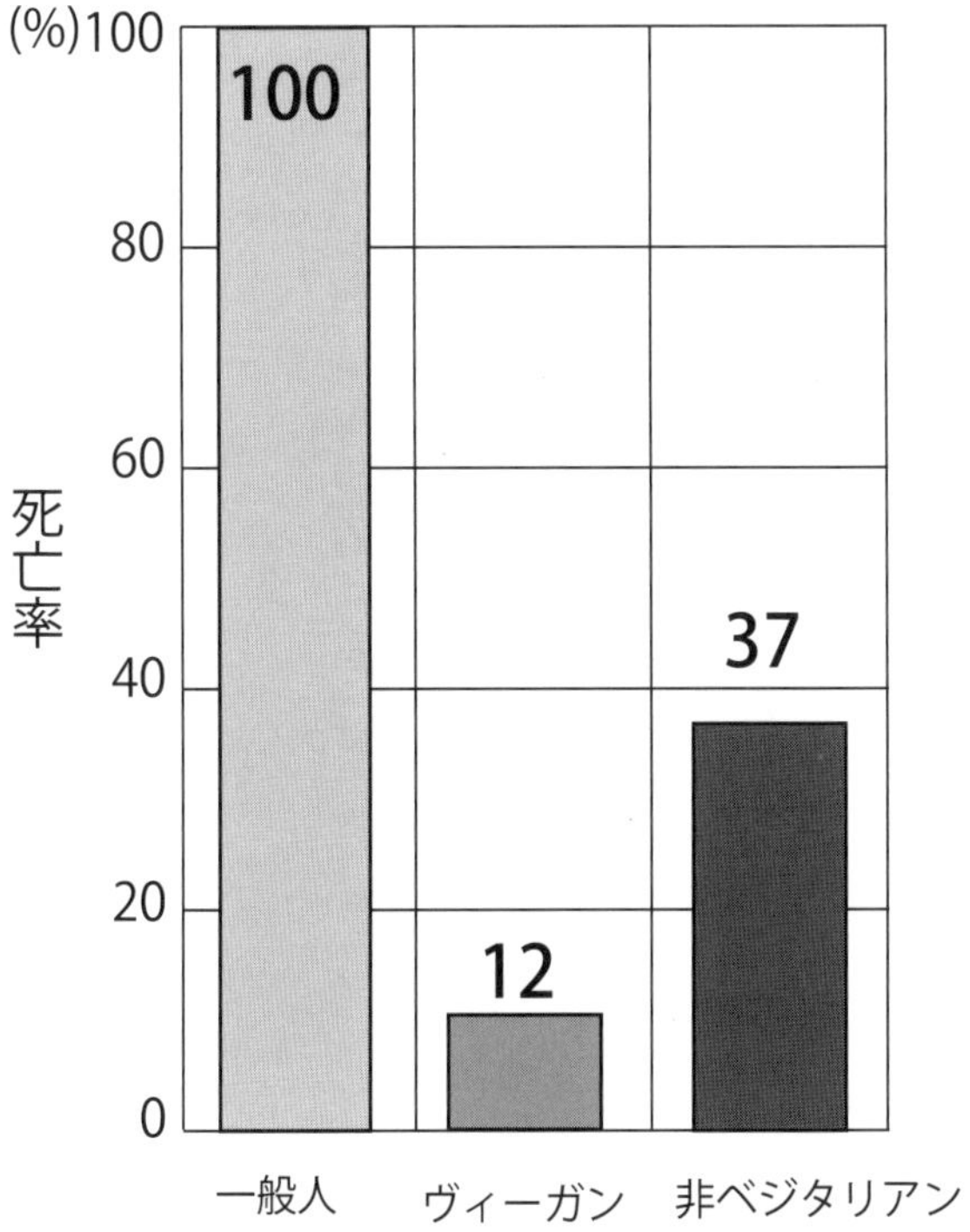

（グラフ A）

出典：『新版　ぼくが肉を食べないわけ』

07

肉食えば大腸ガンで四〜五倍も死ぬ

❖白人の大腸ガンは日本人の四倍

心臓病だけではありません。

肉好きは、大腸ガンでも菜食者の四〜五倍も死ぬことがわかっています。日本人に大腸ガンが急増しています。それは、焼き肉、牛丼など肉好きが急増しているからです。そして、悲劇は、かれらが、日ごろの肉食が心臓病死や大腸ガン死の恐るべき原因であることを、まったく知らないことです。

まさに、ここに〝洗脳〟された家畜レベルの姿があります。

63頁の（グラフB）は、A：日本人、B：米国在住で、米国以外で生まれた日本人、C：アメリカ生まれの日本人、D：アメリカに住む白人の大腸ガン死亡率を比較したものです。アメリカに住む白人の大腸（結腸）ガン死はちょうど日本人の四倍です。

さらに（グラフC）では、日本人移民の大腸ガン死は急増し、三世になると白人とまったく同じレベルです。母国の日本人にくらべて五倍もの高率になっています。

これは、菜食中心の和食と、肉食中心の洋食の発ガンリスクの差をくっきり示すものです。はやくいえば、お肉大好きなひとは、和食好きにくらべて、五倍も大腸ガンで死ぬ。

その真実を、示しています。

海外で和食ブームなのは、肉食の危険に気づいた白人たちが、和食に殺到しているからです。しかし、メディアは、和食ブームのこうした背景にはいっさいふれません。

❖肉類に最悪発ガン性（WHO勧告）

なぜ、肉を食べると大腸ガンが激増するのでしょう？

「腐」という漢字が、すべてを物語ります。つまり、「肉」が消化器「府」の中に入ると腐敗（異常発酵）するからです。すると悪玉菌が異常に増殖し、インドール、スカトール、アミン類などの有毒発ガン物質を発生させます。それが、大腸壁を刺激して大腸ガンを発症するのです。さらに、これら発ガン物質は腸壁から吸収され、全身をめぐり、あらゆるガンを引き起こします。だから、肉類は、強烈な発ガン物質なのです。

WHO（世界保健機構）も、ついに、肉加工品は発ガン物質の五段階評価で、最凶の発ガン物質であると断定、世界に勧告しました。このとき、赤肉も上から二番目の発ガン物質であることを、認めています。

ついに、国連ですら、肉類の恐るべき発ガン性を、かくしきれなくなったのです。

（出典：『ぼくが肉を食べないわけ』ピーター・コックス著　浦和かおる訳　築地書館）

■大腸（結腸）ガンによる死亡――西洋対東洋

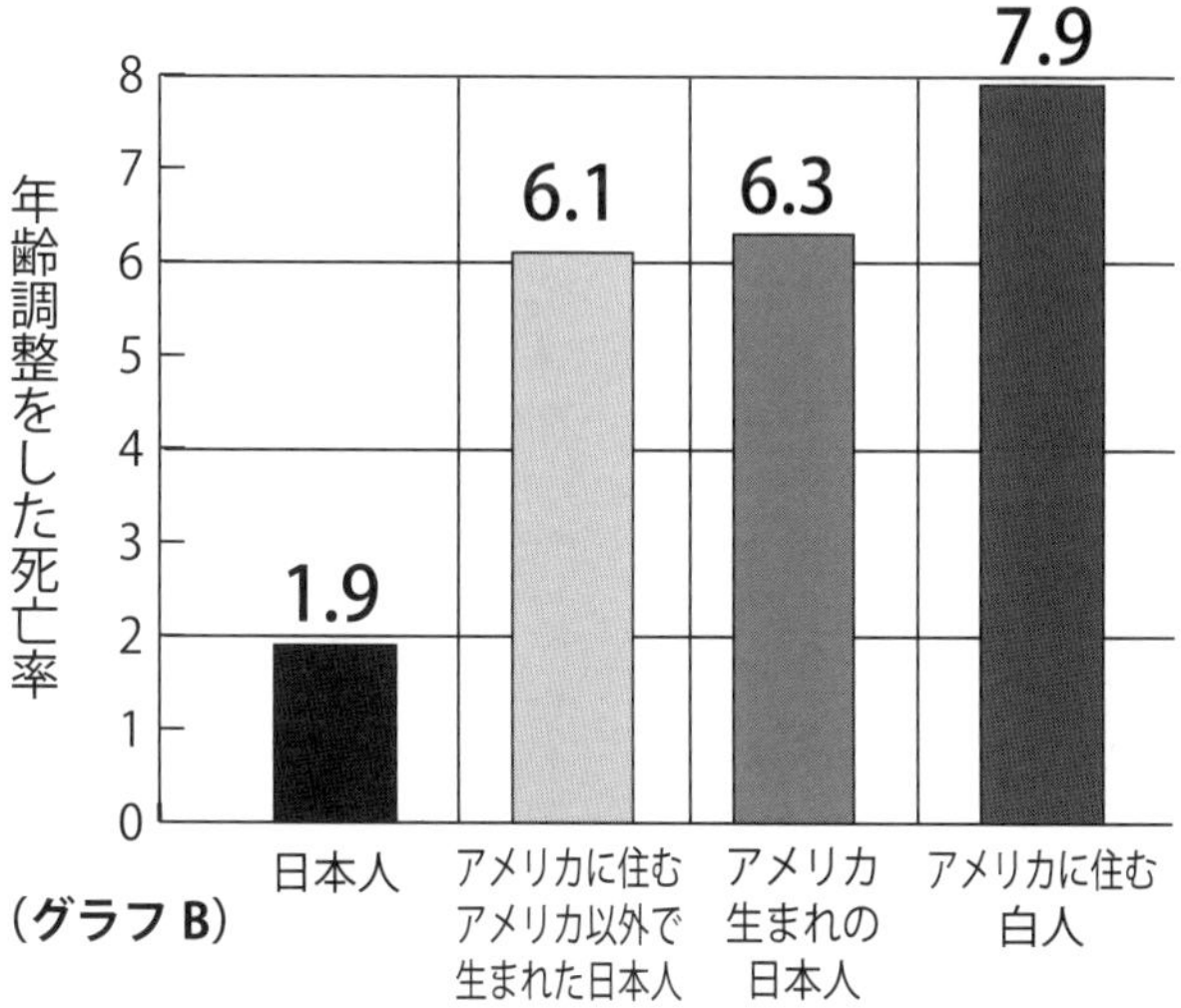

（グラフB）

出典：『新版　ぼくが肉を食べないわけ』

■アメリカ移民の日系三世は大腸ガンが5倍に激増

日本人移民のガンの変化（大腸ガン）

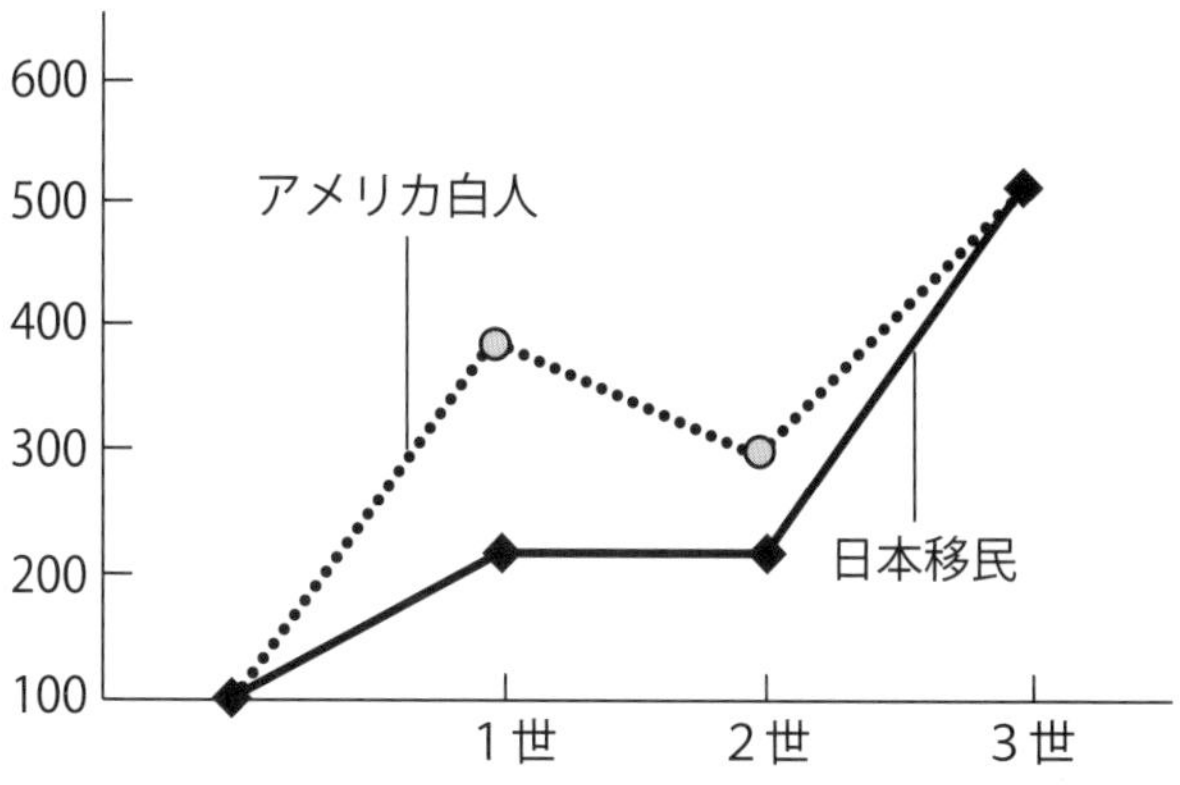

（グラフC）

出典：『新版　ぼくが肉を食べないわけ』

08

菜食で高血圧、糖尿病はイヤでも治る

❖降圧剤飲むバカ、飲ますバカ

日本人の七〇歳以上の二人に一人が降圧剤を飲まされています。

これも、ばかばかしいことです。食事を菜食に変えるだけで血圧を正常にすることは、かんたんだからです。67頁の（グラフD）は、肉食者と菜食者の年齢別の血圧変化をくらべたものです。お肉大好きな人の血圧は、年をとるほど右肩上がりで上昇しています。

だから、医者も「年をとって、血圧が上がるのはしかたがない」と投げやりです。

ところが、菜食者の血圧は、もともと肉食者より低めです。

それが、さらに高齢になると右肩さがりです。

肉食者はまったく反対です。これは、肉食者が動脈硬化により血管が硬くなるのにたいして、ベジタリアンは年をとると、逆に血管が柔らかくなることをしめしています。

つまり、肉食者は年をとるほど、心筋梗塞や脳梗塞などのリスクが高まるのにたいして、菜食者は、逆に血管系の疾病《しっぺい》リスクが減少することを意味します。

つまり、脳卒中や心臓発作などのリスクをさけるには、菜食しかないのです。

この決定的証拠もテレビ、新聞メディアはいっさい流しません。

病気がへっては、巨大スポンサーの製薬メーカーが困るからです。

❖肉好きの糖尿病死は三・八倍

潜在患者を含めると日本人の約二〇〇〇万人は、糖尿病かその予備軍といわれています。

それで、血糖値が高くて病院に行くと、糖尿病の専門医というエライ先生は、こうのたまうのです。

「糖尿病は治らないコトになっています」

つまり、この糖尿病の〝権威〟は、一人の糖尿病患者を治したこともない！と〝自慢〟しているのです。呆れたヤブ医者もあったものです。そこに通う患者も患者です。

糖尿病のいちばんの原因は食べすぎです。

だから、食べなきゃいやでも治ります。（参照、拙著『食べなきゃ治る糖尿病』三五館）

さらに、糖尿病の原因は「肉食」「ストレス」「砂糖」「運動不足」です。

だから「少食」「菜食」「筋トレ」「笑い」「甘み断ち」で、いやでも完治します。

治らないのは、医者がすすめるままインスリン注射を続け、飽食を続けているからです。

（グラフE）は、週に六日以上お肉が欠かせない人は、菜食者にくらべて糖尿病の死亡率が三・八倍であることを示しています。

■ 肉食者は年をとるほどに高血圧に、菜食者は逆になる

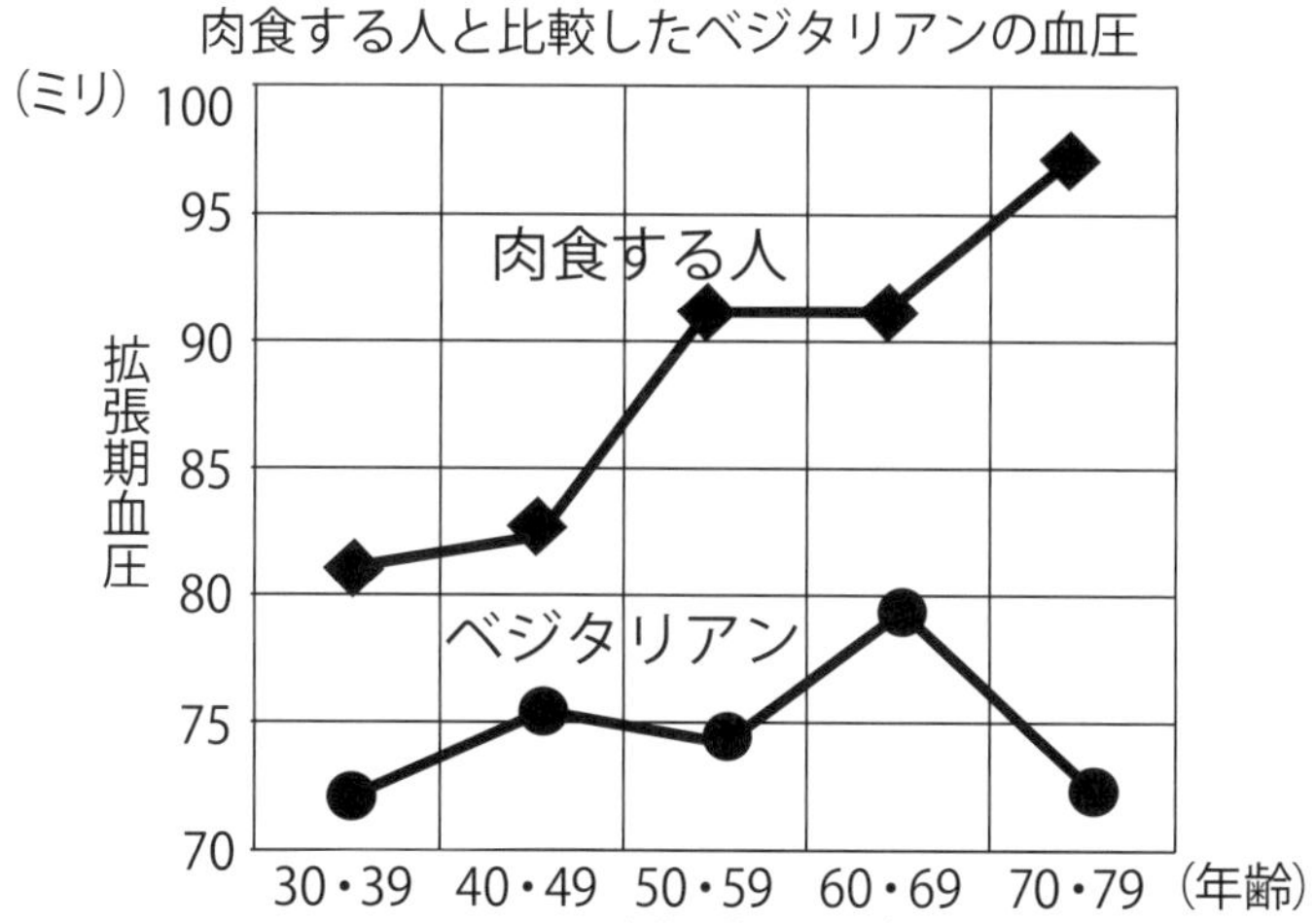

（グラフ D）
出典：『新版　ぼくが肉を食べないわけ』

■ お肉大好き人間の糖尿病死亡率はナント3.8倍

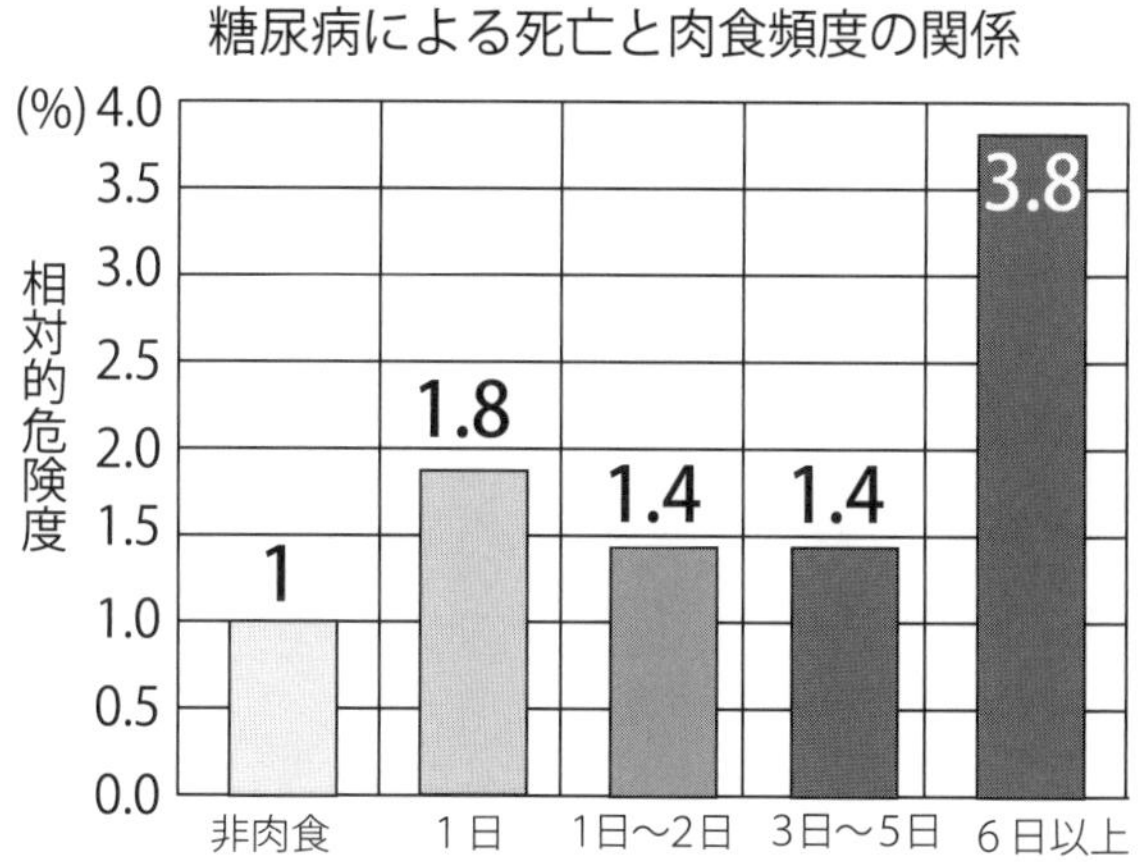

（グラフ E）
出典：『新版　ぼくが肉を食べないわけ』

09

牛乳で死亡率二倍、チーズで骨折四倍の衝撃

❖牛乳は史上最悪の発ガン物質

老人施設で、牛乳を出しているなら、すぐ豆乳にきりかえてもらいましょう。

牛乳は栄養の宝庫……と、わたしたちは子どものころに習いました。

だから、牛乳配達まで、あったのです。しかし、これも悪魔の支配者たちによる、恐るべき〝洗脳〟でした。


いま、牛乳神話が音を立てて崩壊しています。

スウェーデンで二〇年もかけて研究された牛乳の〝危険性〟は衝撃的です。

牛乳を「多く飲む」群と「少なく飲む」群の健康状態を長期間にわたってしらべた結果、多く飲むほうの死亡率は、少なく飲む群の二倍も高かったのです。さらに、「牛乳たんぱく（カゼイン）」は小麦たんぱく（グルテン）の八倍も発ガン性があった。

「カゼインは史上最悪の発ガン物質である」（米コリン・キャンベル博士）

牛乳は「飲むほどに骨折が増える」ことも判明しています。

飲むほどに、体内のカルシウム排泄を加速し、骨がもろくなるのです。

❖骨折率チーズ約四倍、牛乳ヨーグルト三・五倍

また、「太腿骨骨折」危険度をみるとショックです。

これは、高齢者を対象に行った大規模調査です。(一九九六年)「自力で入浴できない」二・〇九倍。「二、三か月寝たきり」二・八九倍……と、骨折リスクが高まるのは、理解できます。運動してないので、骨がもろくなるのも当然です。

衝撃は「チーズの食習慣」(一日一切れ以上)三・九九倍という骨折リスクの高さです。さらに、意外なのは「(牛乳)ヨーグルト」(一日一杯以上)三・四六倍、「牛乳の飲用(一日二杯以上)」二・一四倍……という危険度です。

おそらく、これらは牛乳カゼインたんぱくによる、脱カルシウム作用でしょう。

ちなみに「肉類の食習慣」(週二回以上)でも一・五九倍、骨折が増えています。

さらに、仰天ものはコーヒー飲みすぎリスク。「一日三杯以上」だと三・二三倍の高率で骨折を増やします。

さらに、コーヒーには焙煎加熱でアルキルアミド(AA)という発ガン物質が生じることも判明しています。成分のコーヒー酸にも発ガン性があります。だから、コーヒー党は不満でしょうが、老人施設でコーヒーを出すのは、控え目にすべきでしょう。

❖カタカナ食からひらがな食へ

ここまで読んで、こう叫びたくなったひともいるでしょう。

「なにも食べるものがないじゃないか！」

そんなことは、ありません。これまで指摘した〝危ない〟食事は、すべて洋食の話です。なら、これらを和食にシフトすればよいのです。

具体的には、つぎの〝呪文〟で、メニューをかんがえましょう。

わかりやすくいえば、カタカナ食から、ひらがな食に変えればいいのです。

ま・ご・は・や・さ・し・い――。

それは、ま（豆）、ご（ゴマ）、は（わかめなど海藻）、や（やさい）、さ（さかな）、し（しいたけ等、茸《きのこ》類）、い（いも）……。

最近、和食が洋食にくらべて、はるかにヘルシーであることが、常識となってきました。

じつは、一九七七年、アメリカ上院栄養問題特別委員会報告（マクガバン報告）で、次のように結論づけているのです。

「欧米先進諸国の食事は最悪で、ガン、心臓病、糖尿病、高血圧などのひきがねであることが判明した。われわれは食事を改めなければならない。人類が到達した、もっとも理想的な食事は、日本の伝統食である」

老人介護の施設でも伝統の和食メニューとすればほとんどの問題をクリアできるのです。

おねがい

▼給食は洋食から和食にしてくださいね。
▼肉、卵、牛乳は、ひかえてくださいね。
▼ま・ご・は・や・さ・し・い……献立に！
▼菜食者（ベジタリアン）向けメニューも！

「ま・ご・は・や・さ・し・い」の呪文で健康になれる！

10

インチキ栄養学のルーツはフォイト栄養学

❖砂糖消費量は文明に比例？

「白砂糖は〝猛毒〟です！」

菅野喜敬医師（前出）は、キッパリ断言します。

「砂糖は、毒……!?」

ここでも、九割方のひとは、首をかしげるでしょう。

それだけ、人類は巧妙に〝洗脳〟されてきた証《あか》しです。

それも、じつは国際的な砂糖メジャーによる陰謀……つまりは〝洗脳〟だったのです。

そのルーツは、やはりドイツのフォイト栄養学に端を発します。

❖ドイツ人よ、二・五倍肉を食え

ドイツの栄養学者カール・フォン・フォイト（一八三一～一九〇八年）は、徹底した肉食礼賛者でした。さらに「動物たんぱくは優良たんぱくで、植物たんぱくは劣等たんぱく」と卑下したのです。そして「炭水化物は栄養が乏しいので食べないほうがよい」……など、メチャクチャの論法でドイツ栄養学界に君臨したのです。

彼が「たんぱく質」といえば、それは「肉」と同じでした。

さらに「体によいものは、とりすぎるということはない」と仰天ものの論法で、当時のドイツ国民に、「より多く肉を食え！」と命じたのです。

なんと、必要摂取量の二・五倍近いたんぱく質（肉）を食え――と、勧告した。わたしは、この〝近代栄養学の父〟は、欧州の畜産業者と、明らかにゆ着していたと確信しています。彼の勧告は、そのまま肉類の売り上げ二・五倍増を意味したからです。

とうぜん、この〝栄養学の父〟は、本書、第2章でのべた肉類など動物たんぱく質の有害性など、まったく無知蒙昧《もうまい》でした。

❖ペテンのカロリー理論が今も……

さらに、フォイトのあやまちは、カロリー理論にあります。

生命エネルギーとは、食物が体内で酸化（燃焼）するときに発生するエネルギーである。こう信じた彼は、鉄の釜で、一日の食料を燃やして、そのカロリー（熱量）を測定し、それを人間を動かすエネルギーと断定したのです。しかし、一方は鉄の釜、こちらは、生命体です。鉄釜と人体を同じに考えた。じつに荒っぽい〝非科学〟的な論法です。

いまだ栄養といえばカロリー一辺倒。いまだ、〝フォイトの呪い〟は解けていないのです。

フォイト栄養学については、後に、痛烈に批判されています。

「……なんら医学的、科学的、統計的な検証を経ていない。しいていえば、それはフォイ

ト の個人的な空想にすぎない」

❖妄想が栄養学のルーツとは

しかし、個人の空想（妄想）が、近代栄養学の御墨付《おすみつ》きをえて、いまだ、世界の栄養学の中枢を占めていることに、おどろき、あきれます。

フォイトに〝栄養学の父〟の称号を与えたのは、ロックフェラーに代表される〝闇の支配勢力〟でしょう。この男の〝妄想〟を、人類〝洗脳〟の道具とするために、この名声欲の塊《かたまり》に、〝栄養学の父〟の称号をさずけたというわけです。

フォイトは、基礎代謝熱量なるものを定め「これ以下では、餓死する」……と断言しています。それは、成人で約一二〇〇キロカロリー。ところが、それ以下のカロリーで生きている人がゴロゴロいます。一日一食の私も、それを下回っているでしょう。

わたしの友人の森美智代さんは、一日青汁一杯で二〇年も生きていることで有名です。そのカロリー量は、基礎代謝量の二四分の一。フォイトのカロリー理論が正しければ、彼女はとっくの昔に餓死しているはずです。さらに、一年間、完全不食だった知人もいます。インドのあるヨガ行者は、七〇年間、不食で生きています。

つまり、フォイトはカロリー理論でも致命的に誤《あやま》ったのです。

11

明治の文豪たちを殺した白砂糖の〝毒〟

❖砂糖は文明のバロメータ？

これからのべる白砂糖は、カロリー理論からいえば、〝素晴らしい〟食品です。
なぜなら、それこそ、混じりけなし。不純物ゼロ！　カロリー・エキスそのもの。
だから吸収は早い。もっとも〝理想的〟な（？）食材といえます。
「砂糖消費量こそ、文明のバロメータ！」
ドイツ栄養学界が豪語したのも、うなづけます。
ハイカラ好みの明治の知識人たちは、先を争って、この魅惑の白い粉に殺到しました。
当時としては、白砂糖はきわめて高価で、庶民には高嶺の花でした。
特権階級の財界人や知識人、芸術家などが、その白い粉の甘味を堪能したのです。
ところが、その甘い特権に耽溺《たんでき》したひとびとに異変があらわれて来ました。
その悪魔的な洗礼を受けたのが、作家などの知識人たちでした。
白砂糖の恐ろしい魔手の犠牲になった筆頭が、俳人、正岡子規です。

❖死期を早めた子規の大食い

彼は、子どもの頃から無類の甘党でした。
親がおやつ代わりに砂糖をなめさせるような育て方をしたからです。

「柿食えば、鐘が鳴るなり、法隆寺」

この有名な句を読んだおり、柿を一一個食べた、という言い伝えがあります。

そうして、彼は不治の病、脊髄《せきずい》カリエスにおかされ病床に伏せます。

そのとき、毎日、食べたものを詳細に記録したものが『仰臥漫録《ぎょうがまんろく》』です。

それを一読、驚愕《きょうがく》しました。その餓鬼のような食欲にです。

朝食・三杯飯、昼・三杯、夜・四杯……さらに、菓子パン一〇個、梨一個、牛乳一合……などなど。読んでいるだけで、気持ち悪くなってきた。

❖白砂糖で脊髄カリエスに

その大食が毎日続く……。

脊髄カリエスは、〝骨の結核〟と呼ばれる。骨が脆くなり、そこに病原菌が棲みついて骨を溶かす。

では、なぜ骨が溶けたのか？

それは、菓子パンなどの糖分が、消化吸収されるとき、体液を酸性化させる。

すると、体はＰＨバランスを回復させるため、骨からカルシウムを溶かしだして、かろうじて、酸・アルカリの均衡《きんこう》を保つ。

だから、子規の〝骨の結核〟の原因は、甘い物……つまり、白砂糖にあったことは、まちがいない。

さらに、過食は体液を酸性に傾ける。

それも、骨のカルシウム脱落を加速した。

こうして、子規は体中からわき出る膿《うみ》にまみれ、苦しみに絶叫しながら、三五歳の若い生を終えたのです。

小児からの甘い物好きは、白砂糖によって、命を奪われたのです。

まさに、肉食だけでなく、カロリー理論で白砂糖を世界に広めたフォイト栄養学の犠牲となったのです。

12

白砂糖でうつ、めまい、貧血、心臓病……そして、ガンになる

❖砂糖は心と体を蝕《むしば》む猛毒

白砂糖が、どうして、文豪たちを殺すほどの毒性を発揮するのか？

その元凶は、一にも二にも、精製過程で、ビタミン類、ミネラル類、微量栄養などがとり去られていることにつきる。

そのため、白砂糖は、強い酸性食品と化している。

それは、体内に入ったとき、体液を強く酸性に傾けてしまう。

人間の体液は、ほんらい弱アルカリだ。

白砂糖の酸性を中和して、弱アルカリを保つため、カルシウムなど体内のミネラル分が消費される。

つまり、骨や歯からカルシウムが奪われる。

これが、虫歯やカリエスなどの元凶となる。

さらに、低血糖症による「イラつく」「キレる」「非行」「犯罪」など精神異常も起きる。

さらに、ビタミン類、ミネラルを奪われた白砂糖が体内で分解されるとき、大量のビタミンB類を消費する。

そのため、身体はビタミンB群の欠乏症となり、さまざまな症状に見舞われる。

それは……「うつ状態」「疲労感」「めまい」「貧血」「頭痛」「湿疹」「脂肪肝」「心臓病」「呼吸器疾患」「記憶障害」「肥満」……などなど。

こうして砂糖は、カルシウム欠乏症を発症させ、その結果、体液酸性化（アシドーシス）により、最悪、ガンを発症させてしまう。

最近、キレやすい若者が増えている。その隠れた元凶に白砂糖がある。

以上――砂糖は心と体を蝕む〝猛毒〟です。

❖黒糖、シロップ、蜂蜜、みりん……

だから、老人介護の施設で午前や午後のおやつに、甘いケーキなどを出すのはひかえたい。

ケーキにコーヒーに砂糖などは、最悪の組み合わせです。

どうしても、甘い物を求めるときは、無精製の黒砂糖にしましょう。

これは、ミネラル、ビタミン類もたっぷり。だから、白砂糖のような毒性はありません。

また、メープル・シロップ、蜂蜜などで甘みをつけてあげれば、栄養バランスもよく、白砂糖のような恐ろしい作用もありません。

料理にも白砂糖より、ミリンや黒糖をつかって甘みをつけましょう。

深くて、味わいも増します。

とにかく、グラニュー糖など〝白砂糖〟は、追放すべきです。

また、ノンカロリーなどをうたう〝アスパルテーム〟など人工甘味料は、最悪です。発ガン性、催奇形性など、恐ろしい毒性が各方面から警告されている〝悪魔の甘味料〟です。

テレビCMなどに乗せられないように……。

おねがい

▼白砂糖の〝毒〟に、気づいてください。

▼甘い物を出すのはひかえてください。

▼黒糖、蜂蜜、味醂《みりん》などを料理に活用。

▼人工甘味料は、ぜったい使わないで！

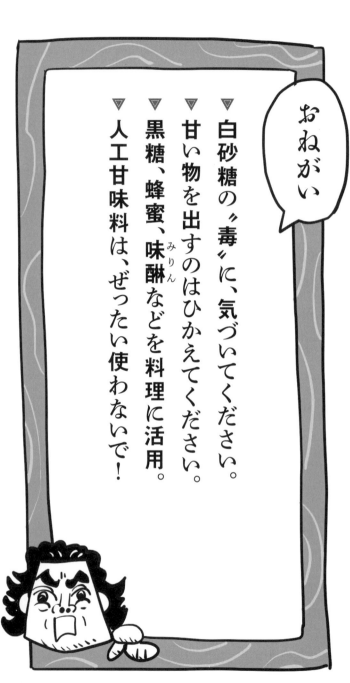

第3章

「寝かせすぎ」

一日寝ると一年老ける。「寝かせきり」は虐待だ

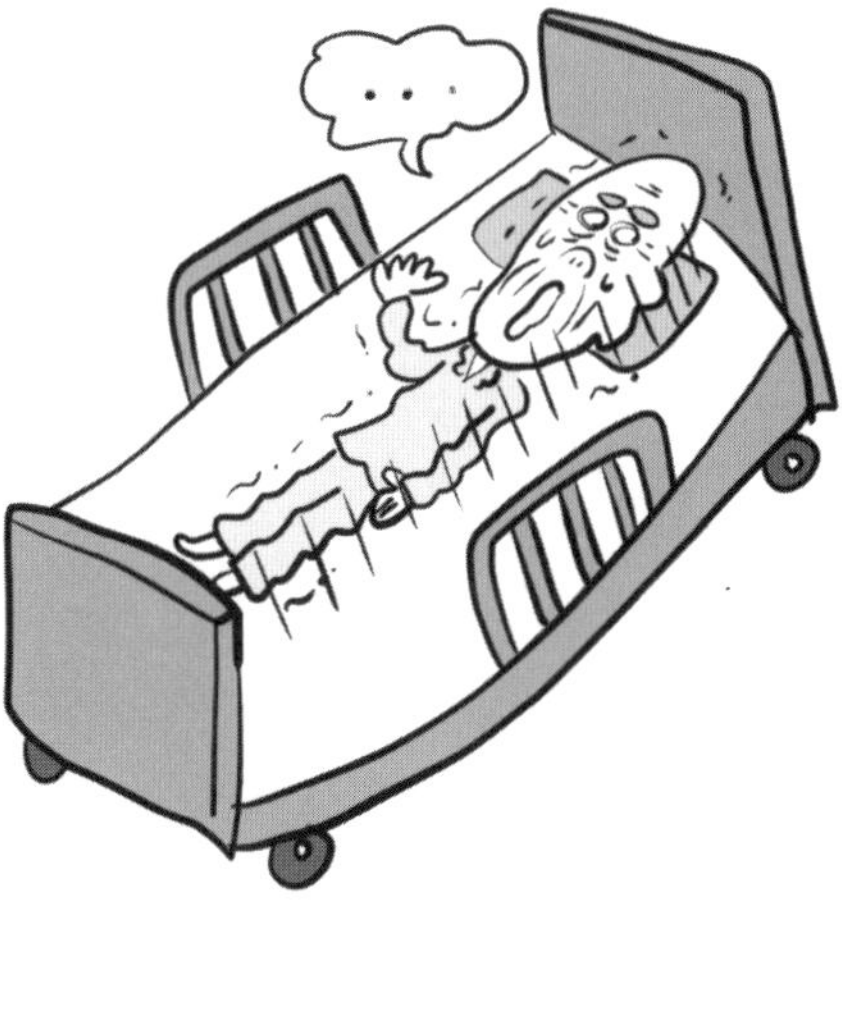

13

寝たきりでなく、寝かせきり老人に

❖使わなければ、衰える

「使えば、発達する」「使わなければ、衰える」

これが、生命の基本原理です。

これは、「ラマルクの用不用説」とも呼ばれる進化論のひとつです。

つまり、必要なものは発達し、不用なものは退化する。

こうして、生物は、進化をとげてきたのです。個体でも同じ。使わなければ、生体は〝不用〟と判断して、退化させていきます。これが「廃用萎縮」です。

別にむつかしく考えることはありません。

病気で、数日寝ているだけで、起き上がって歩こうとすると、足がふらつきます。

たった、数日なのに……。あなたは、足の衰えにがくぜんとするでしょう。

若い人でも、それだけ足腰は弱るのです。

お年寄りが寝たきりになると、廃用萎縮で足腰が急速に弱るのもとうぜんです。

❖一か月入院で三〇歳も老ける！

専門医は、寝たきりの怖さを、こう警告しています。

「七五歳を過ぎて、入院すると、一日で一年分老けます」

これは、恐ろしい事実です。

つまり、高齢者が入院で一日寝ているだけで、一歳分も体力低下して老化が進むのです。一〇日入院すれば一〇歳老けて八五歳に。二〇日で九五歳の体力になる計算です。三〇日で、一〇五歳の体力になってしまう……!?

つまり、一か月で三〇歳も老ける……。

「寝かせきり」による廃用萎縮の恐ろしさです。

使わなければ衰える――生命原理は、ある意味残酷です。

これは、いちど寝たきりにすると、もとに戻るのが、きわめて困難であることを意味します。だから、北欧の老人施設では、寝たきりにさせないため、細心の注意を払っているのです。

北欧は寝たきりにさせず歩かせる。

日本はじっと寝かせて弱らせる。

14

「運動不足は緩慢《かんまん》な自殺である」

（ヨガ教訓）

❖絶対安静こそ絶対危険！

では、日本の老人病棟や老人ホームなどはどうでしょう？
寝たきりを防ぐどころか、積極的に寝たきりを大量生産している、としか思えません。
それが、絶対安静と完全介護です。
病気が重篤なら、絶対安静も必要です。休息が治癒《ちゆ》を促進するからです。
しかし、回復してきたら、絶対安静はマイナスです。
それは、ただ、筋力と骨力の低下を漫然と見過ごすことになるからです。
その意味で、絶対安静こそ、絶対危険な療法といえるでしょう。
わたしは、「ベッドで筋トレ！」をすすめています。
それは、ヨガの恩師、沖正弘導師の警句が、心に残っているからです。
「運動不足は、緩慢な自殺である」
まさに、これは廃用萎縮の恐ろしさを、ズバリ指摘しています。

❖指一本でも全霊で動かせ

沖先生は、さらに、こうつけ足します。

「絶対安静で、全身が動かなくても、指イッポン動かせるなら、それを全身全霊をこめて動かせ。すると、全身の筋肉が連動して動き始めるからである」

人体は、部分が全体に、全体が部分につながっているのです。

このような知識のある医師が、はたしてどれくらいいるでしょう?

入院患者の体力低下を防止するために、このような筋トレを指導している医者は、残念ながらまったく聞かない。廃用萎縮による筋力、体力低下への対策をこうじない医者や病院は、悪魔的といわれても反論できないでしょう。

❖ハンドグリップで筋トレ

わたしは、入院患者や老人ホームへのお見舞いに、ハンドグリップをすすめている。

これは、百円ショップでもおなじみ。握って握力を鍛える器具です。

二〇キロ、一〇キロ、五キロと負荷ごとに表示されている。

わたしは二〇キロでも物足りないくらいだが、入院患者さんには、とっても無理でしょう。

まずは、五キロから始めてもらいましょう。

沖先生のいうように指一本の筋トレにも、全身の筋肉は反応するのです。

手全体のグリップ運動なら、さらに全身は反応し、筋力に加えて、生命力がアップする。五キロで一〇回クリアできたら、今度は一〇キロで挑戦。それができれば二〇キロとグリップの負荷を上げていきます。

その理由は、理想的な筋トレは、一〇回を限度とするとき、筋肉がもっとも急速に発達するからです。

ダンベル運動でも、五〇回は軽いネ……と自慢してスイスイやっても、筋肉は太くなりません。

必死にやって、一〇回が限度……！というくらいの負荷が、もっとも筋肉を太く発達させます。

それは、グリップ運動でも同じ。

だから、グリップのプレゼントは、左右で二個ずつ、負荷で三段階。六個は必要になります。なに、一個一〇〇円だから、合計税抜きで六〇〇円……。これこそ、最強のお見舞いです。

15

一回五秒、いつでもアイソメトリックス筋トレ

❖静的筋トレ、どこでもOK!

寝たきりで起き上がれなくてもよし。両手でこのグリップ筋トレを、一日五セットなど、ノルマを決めてやりましょう。「用不用の原理」により、身体に、筋肉は〝不用〟でなく、〝必要〟だ!ということを教えるのです。

すると、廃用萎縮とは逆のスイッチが筋肉に入ります。

つまり、有用増強です。

つぎに、おすすめはアイソメトリックス(静的筋トレ)です。

これは、「筋肉はその最大負荷の八〇%以上の力を、五秒以上加えると急速に発達する」という運動生理学の理論に基づいています。

わたしは、二〇代から約四〇年間、このアイソメトリックス筋トレを続けています。

おかげで、体型は二〇代のとき、そのままです。筋肉隆々の逆三角形です。

ウエスト七五センチ。胸囲一〇五センチ。体重六五キロ。

まあ、理想的体型を維持しています。

アイソ筋トレのメリットは、いつでも、どこでもできることです。

❖四つのポーズとピンポイントで

つまりジムに通う必要もない。だから時間の拘束もなし、お金もいっさいかからない。ポーズも、基本は四種類ほど。

(1)**勝者のポーズ**：チャンピオンが勝利したとき、どうだ！と両腕に力を入れて誇示するガッツポーズ。上腕二頭筋（力こぶ）や胸筋、さらに背筋に力をこめます。

(2)**重ねのポーズ**：両手のひらを重ねます。右腕は下から、左腕は上から。思いっきり圧力をかけて五秒以上。腕全体、さらに胸筋の筋トレになります。

(3)**合掌のポーズ**：正面で合掌して、両側から思いっきり力を加えます。とくに胸筋の発達にめざせましい効果があります。腹側筋も鍛えられ体幹が強化できます。

(4)**鈎《かぎ》のポーズ**：両手指先を鈎状にして左右を引っ掛け、両側に思いっきり引っ張ります。胸筋、両肩の筋肉がアップします。

アイソ筋トレのメリットは、これだけでありません。

慣れてくると、全身の筋肉のうち、鍛えたい部位の筋肉に意識を集中して、そこだけ鍛えることもできます。

ピンポイント筋肉強化が可能になるのです。

たとえば、両肩の筋肉を逞しく盛り上げたかったら、そこに集中的に意識と力を込めます。すぐに、筋肉もりもりの両肩が完成します。

ベッドで寝たきりでも、意識的に動かせる箇所があったら、そこに全力を集中してアイソ筋トレをやってみましょう。

要は思い切り、力をこめるだけ。ただし、アイソメトリックスは、ちんたら力をいれても効果はありません。

これ以上はムリ……と思うくらい、プルプル震えるくらい力を入れないと効果は薄いのです。

16

筋肉ホルモン（マイオカイン）驚異の効能

❖筋トレは万病に効果あり

筋肉を鍛えるメリットは、廃用萎縮を防ぐためだけではありません。

筋トレには、さらに思わぬ効果があります。それが、筋肉ホルモン〝マイオカイン〟の分泌促進です。筋肉は活動するとき、さまざまな生理活性ホルモンを分泌することが、近年わかってきました。その種類は約一〇〇品目が確認されています。

その効果は――

▼ガン予防、▼心臓病を改善、▼不安症・うつに効果、▼脳卒中を防ぐ、▼アルツハイマー病に効果、▼免疫機能の改善、▼老化防止、▼成長ホルモン刺激、▼骨粗しょ症予防（骨密度増強）、▼動脈硬化予防、▼糖尿病予防、▼脂肪肝改善、▼高血圧改善、▼認知症予防

……などなど。

まさに、筋トレは、万病に効く――といっても過言ではありません。

たとえば、弱めの運動グループAと、それより一〇倍強い筋トレグループBでは、Aのほうがアルツハイマー病のリスクが二・八倍も高まったのです。言いかえると強い運動をするとアルツハイマー危険度は約三分の一に減ることになります。

筋トレ運動をすると、脳も活性化します。

運動グループは、しないグループにくらべて、脳の記憶中枢（海馬）が発達することが立証されています。記憶力を高めたかったら、運動して筋肉を鍛えることです。

運動は、動物実験でも、脳発達因子（ＢＤＮＦ）を増やすことが証明されています。

「運動すると、脳内の栄養物質ＢＤＮＦが増え、脳の神経細胞の再生が促進されることを確認した」（米ハーバード大、ジョン・Ｊ・レイティ准教授）

❖筋トレすると六倍若返る！

強い運動をすると脳下垂体から、ヒト成長ホルモン（ＨＧＨ）が分泌されます。

このホルモンは、〝若返りの素〟と呼ばれています。ＨＧＨは、歳とともに分泌は減少していきます。中年になると、子どもの頃の一〇分の一にまで激減して、それからは減る一方です。ところが「筋トレやエアロバイクで筋肉を動かすと、ＨＧＨ分泌量が六倍に激増した」（英バース大論文）

さらに、脳力向上にも、筋トレが多大な効果を上げることも証明されています。

「ほんの少しだけでも、全力を出しきる筋トレは、脳に多大な影響を与えることが判明した」（独ミュンター大報告）

❖「筋肉力」こそ「幸福力」だ

筋トレすると、血液の中にドーパミンという神経ホルモンが放出されます。これは、「感動ホルモン」で得もいわれぬ満足感に、心身は満たされます。

すると、つぎに心地好い快感が沸いてきます。「快感ホルモン」エンドレフィンの分泌にスイッチが入ったのです。そのつぎに、心身はなんともいえない落ち着きに満たされます。「理性のホルモン」セロトニンが分泌されているのです。

このように、筋トレ・運動は、感動、快感、理性のホルモンを分泌して、心身を至福感で満たします。それまで、不安、恐怖、怒りで落ち着かなかったひとも、筋トレや運動でそれら不快な気分がウソのように消え失せます。それは、「怒りのホルモン」アドレナリンが、至福のホルモン群によって、うち消されたからです。

このように筋トレ・運動は、体だけでなく、心も変えてくれるのです。

まずは、ベッドに起き上がれるようになったら、アイソ筋トレを実行しましょう。

あなたは、シルバー・ボディビルダーという言葉をごぞんじですか？

高齢者で、ボディビルに精を出すひとたちのことです。これは、静的筋トレとちがい、指導者のもとでジムトレーニングとなります。老人施設でも、とりいれれば、見事な筋肉美の老人たちが、つぎつぎに出現することでしょう。

おねがい

▼寝かせきりにしないでください。
▼筋肉強化を介護にとりいれて。
▼ハンドグリップ筋トレの指導を。
▼アイソメトリックス指導の徹底。
▼さらに希望者には、ジムトレを。

第4章

「座りすぎ」

座るほど弱り、病み、老ける

17

座る時間が長い人ほど早死にする

❖座りすぎで死亡率四〇％アップ！

「座りすぎが病を生む！」

オーストラリア政府の警告です。

同国は、国をあげて〝座りすぎ〟の問題にとりくんでいます。

小学校では、二〇一四年から高さを調節できる机を導入、「立ちながら！」授業を受けられるようにしています。

子どもたちも「座っていると背中や首が痛くなるけど、立つと楽ちんさ……」

教師も立つことのメリットを強調します。

「クラス全員で、一日三〇分は立って過ごすようにしています。子どもたちは、前より集中して授業を受けています」

これは、学校にかぎったことではありません。

「オーストラリア人よ立ち上がれ！」

このかけ声とともに、政府は「職場では一日二時間以上は立って過ごすよう」すすめているのです。

この〝スタンダップ・キャンペーン〟のきっかけは、あるひとつの研究結果にあります。

同国の四五歳以上の男女二二万人を三年近く追跡調査した結果、衝撃の事実が判明しました。調査期間中に亡くなったひとに「座る時間が長い」という共通点があったのです。

「……一日四時間未満の人たちにくらべて、一一時間以上だった人たちの死亡リスクは四〇%以上も高かった」

❖代謝・血流阻害で心臓病、糖尿病に

なぜ、長く座ると、死亡率が高まるのか？

……長く座ると、身体の代謝や血流に悪影響が出ます。

それが、深刻な病につながるのです。

立ったり、歩くときは、脚の筋肉がよく動きます。

このとき筋肉細胞内では、血液から糖や中性脂肪が取り込まれ、消費されます。

この「代謝」が盛んに行われるのです。

しかし、「座る」と、全身の代謝機能を支えてきた脚の筋肉が活動せず、糖や脂肪が消費されず、血液中で増えてしまう。

さらに、長く座ると血流が悪化し、血液がドロドロになり、狭心症や心筋梗塞、脳梗塞、さらに糖尿病リスクが高まるのです。

これは、「座位行動」の第一人者ネヴィル・オーウェイン博士の警告です。

つまり、長時間座り続けると、太股筋など脚の大きな筋肉が働かなくなる。

「……すると、身体にいくつもある重要なスイッチが〝オフ〟になってしまうのです」（同博士）

18

日本は〝座りすぎ大国〟だ

❖北欧は九割が〝スタンディング・デスク〟

世界でもっとも座る時間が長い国……それは、どこでしょう。

なんと、日本なのです。

世界二〇か国で「座っている時間」の長さを比較すると、日本が最長で七時間でした。

座る時間が長い。それは、心臓病、糖尿病だけでなく、発ガンリスクも高めます。

「……全国一二万人を二〇年間調査した結果、男性の場合、座ってテレビを見ている時間の長さが、肺ガン発症と関連していました。座っている時間が二時間未満にくらべると、四時間以上の男性は肺ガン発症が三割以上です」（北大、鵜川重和助教）

さらに、「肝臓ガンや肺疾患リスクも高まる」という。

専門家によれば「**長く座ったあとは、三〇分は立つ。あるいは一時間に一度は、立って、少し動く**」ことをすすめています。

〝座ることのリスク〟に気づいたアメリカのシリコンバレーのIT企業の多くは、立ってパソコンを操作するのがあたりまえになっています。北欧では、なんと新しいオフィスの九割が〝スタンディング・デスク〟を採用している……！

（NHK『クローズアップ現代』参照）

❖座りすぎの害は喫煙と同じ！

「……座ってテレビを見る『一日二時間未満』を一とすると、①二〜四時間、②四時間以上……と、座位時間が増えるにつれ、総死亡率は一一％ずつ上昇。冠状動脈疾患の死亡率は一八％も上昇する」（米国、研究報告）

さらに、「一時間座るごとに、平均余命が二二分ずつ短くなる」という。

「座りすぎは、細胞寿命や老化に関連する『テロメア』劣化を招く」「座位による健康被害は、喫煙に相当する」と研究者たちは警告しています。

米インディアナ大の研究チームは、解決法をしめしています。

「男性（二〇〜三五歳）でも一日三時間座ると、血管の血液循環機能が五〇％も低下する。しかし、一時間、時速三キロで五分歩くだけで、大腿動脈機能は正常に保たれた」

つまり座位時間を〝休息〟すれば、座るリスクは回避できるのです。

さて――。

この、座りすぎリスク。日本の老人施設では、どうでしょうか？

長く座ったあとは、三〇分立つ。
一時間に一度は、立って、少し動く。

19

筋肉は「老化」しないが「退化」する

❖座れば立て、立ったら歩け！

楽あれば苦あり。苦あれば楽あり。

これは、年をとってからこそいえます。

楽な姿勢は、ほんとうに楽です。いちばん楽なのは、寝ることです。

しかし、寝たきりの悲劇を思い出してください。

まさに、楽あれば、苦ありなのです。

その原因は、もうおわかりですね。廃用萎縮です。

寝ることのつぎに楽なのは、座ることです。座れば楽です。安楽椅子があります。

ソファですね。文字通り、座っているとラクチンです。老人施設を訪ねると、ほとんどのお年寄りが座っています。

それは、ラクだからです。

でも、それはあとで体力の衰えという苦を呼び寄せます。

だから、介護の原則は、つぎのようになります。


――寝てたら、起こせ。

起きたら、座れ。

座れば、立たせる。

立ったら、歩け。

歩けば、走れ！

なんだか、スポーツ選手の強化合宿みたいですね。（苦笑）

これじゃあ、年寄り虐待だよ……という声も聞こえそう。

しかし、次のような言葉もありますね。

——座れば立て、立てば歩めの、親心——

これは、わが子の成長を願う父母の心を詠《うた》ったものです。

座れば立ち、立てば歩む。

すると、子どもの筋肉は発達し、さらにそれが成長を促します。

寝てたら、起こせ。起きたら、座れ。座れば、立たせる。
立ったら、歩け。歩けば、走れ!

20

鍛えれば、年をとっても筋力アップ！

❖執筆中でも「革ベルト」筋トレ

「立てば歩け」「歩けば走れ」なんて、子どもの話だろう。年寄りとはちがうよ。

そう、首をふるひともいるでしょう。

ところが、筋肉は子どももお年寄りも、同じなのですね。


筋肉は「老化」しない。ただ「退化」する。


これは、逆にいえば使えば「成長」する。使わなければ「衰退」する。

前章で、一日寝たきりで、一年老ける……と警告しました。

同じように、一日座りきりでも、やはり老けるのです。

その理由は、おわかりですね。

筋肉を使っていないからです。つまり、筋肉を動かしていない。

逆にいえば、座っていても、筋肉を動かし、鍛えていれば、筋肉は退化せずに、成長します。

そんなことが可能かい?と思うでしょう。可能なのです。

わたしは、物書きが仕事です。一日中、机に向かって原稿を書き続けることもあります。

つまり、座りっぱなしです。

それでも、六七歳のわたしの体型は、逆三角形で、筋肉隆々です。ボディビルか、なにかやっているのですか？と、よく聞かれます。

そんなことは、やっていません。

ただ、仕事中も、太い革ベルトをギュッと締めて、腹筋に力を入れながら、原稿を書いています。

むろん、お尻もギュッと締めています。

これが「革ベルト」筋トレ法です。

つまり、筋トレと仕事を同時にやっている。

まさに、一挙両得です。

だから、わたしの腹筋は鉄板みたいに硬い。裸になると、縦に割れています。

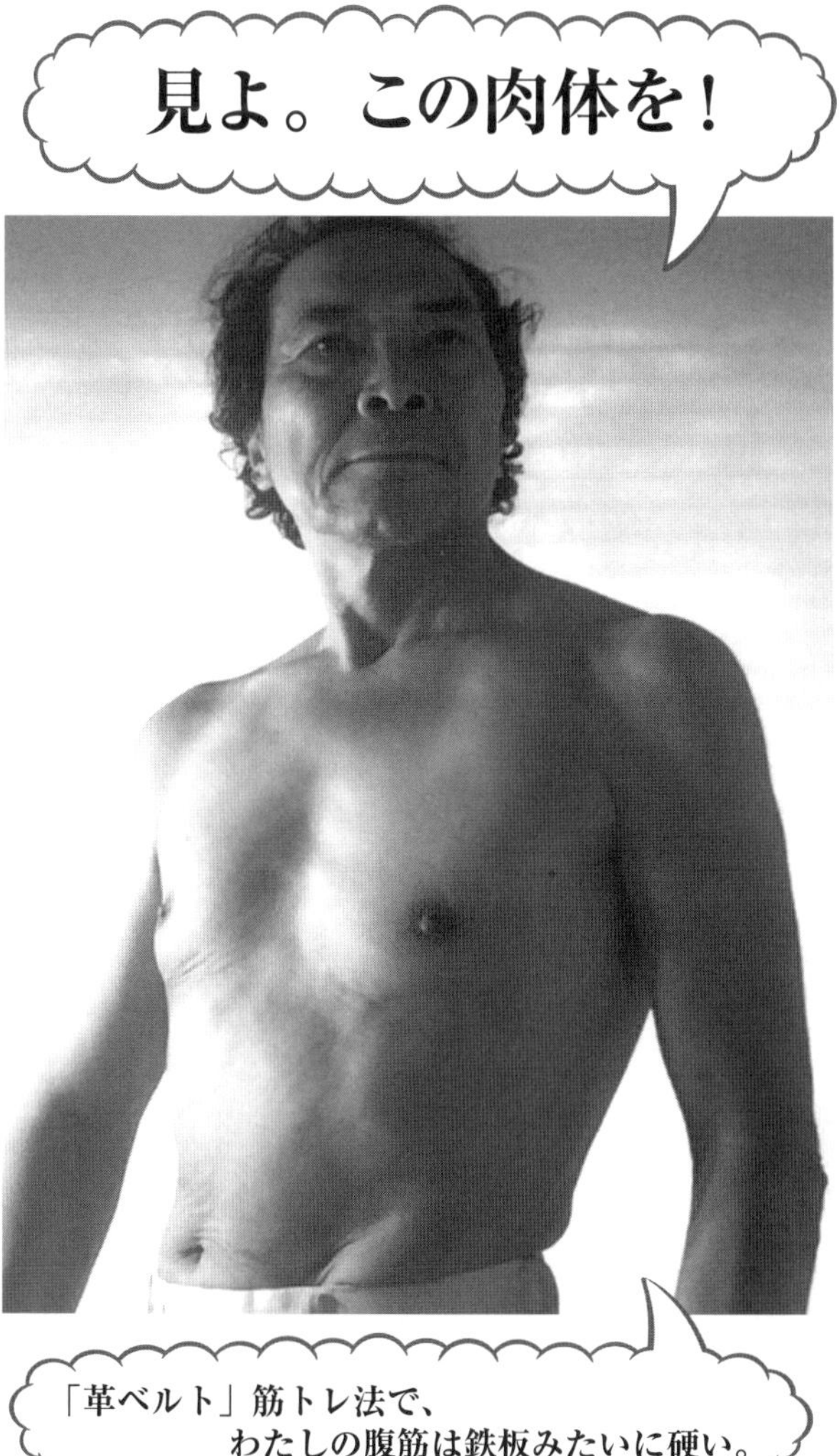
見よ。この肉体を！
「革ベルト」筋トレ法で、
わたしの腹筋は鉄板みたいに硬い。

21

倦《う》まず、休まず、諦《あきら》めず……

❖貯金より、貯筋！ 健康をためろ！

あなたは……Ｕｓｅ ｏｒ Ｌｏｓｅ……という、英語の諺《ことわざ》をごぞんじですか？

「使わなければ衰える」という意味です。

これは、筋肉にもいえます。一日鍛えれば、それだけ発達する。

一日休めば、それだけ退化する。

だから、筋トレには、一生お休みはありません。

――貯金より、貯筋――とは、最近、よくいわれるようになってきました。

たしかに、老後は、お金をためるより、筋肉をためたほうがいい。

鍛えた筋肉は、健康と壮健を与えてくれるからです。

しかし、ためたお金は、そのままですが、ためた筋肉は、そうはいかない。

一日休むと、それだけ目減りしていくのです。

よく、若い頃の自慢話をする年配のかたがいます。

オレは、インターハイで準優勝したんだゾ……なんて、鼻高々です。

まわりのホステスさんが、ワァーッ、スッゴーイ！と嬌声を上げる。

ドーダ、まいったか、と親父も胸をそらすが、その下のお腹は、まさにポンポコたぬき。

これじゃあ、いけません。

わたしの後輩にも、学生時代は柔道有段で、全身これ筋肉だった男がいますが、六〇すぎたら白髪でヨレヨレ……と、まあ、これがふつうのパターンです。

❖ハードよりソフトなシェイプアップ

筋トレは、若いころより、むしろ高齢者にこそ必要です。

それは、筋力自体が、加齢とともに衰えていくからです。

つまり、青年より老年のほうが、筋肉の〝引き算〟が早まる。

だからこそ、高齢者こそ、筋トレが必要なのです。

〝引き算〟を越えるほど筋トレで〝足し算〟をしないと身体は細り、弱っていきます。

テレビCMでおなじみの〝ライザップ〟。おなかポッコンのタレントなど有名人が次のカットでは、みちがえるようなスリムの筋肉ボディに変身！

本人もヤッタ！という〝ドヤ顔〟です。

やればできる。シェイプアップの可能性を教えてくれた同社の戦略は見事です。

ただし、見事な成果の〝ライザップ〟も、その後、なにもしなければ半年でもとに戻ってしまいます。つまり、リバウンドする……。

〝ライザップ〟でかちとったボディをキープするためには、まさに、同じトレーニングをキープし続けなければなりません。

「ヤッターッ！」と大喜びで、もとの生活に戻れば、まさに、元の木阿弥《もくあみ》……。

だけど、〝ライザップ〟は劇的な変化を約束するだけに、トレーニングもハードです。

わたしは、どちらかといえば、まだ楽なソフト・シェイプアップをおすすめします。

これなら、細く長く一生続けられると思うからです。

それが、椅子に座っていても、歩いていてもできる、アイソメトリックス（静的筋トレ）なのです。

22

立って、しゃがんで！一日五〇回スクワット

❖階段も一つおきにヒョイヒョイ

長時間、座って原稿を書くわたしが、心がけているもうひとつのトレーニングが、スクワットです。

一日五〇回をノルマとしています。

屋内でできる運動として、テレビでは、さまざまな器具がCMされていますね。ルーム・ランナーなどは、その典型です。

あと、通販番組など腹筋を鍛える器具とか、なんとか……よくもまあ、これだけ考えるものだと、あきれるほど、多種多様な筋トレ器具のオンパレード。

しかし、一念発起で購入したものの、三日坊主で物置のコヤシ……というのが、おきまりのパターンでしょう。

わたしのおすすめするスクワットは、器具も、なーんにもいらない！

まず、バランスをとるため両手を水平に前に出します。

背筋をのばして、ゆっくりとヒザをまげて腰を沈め、つぎにのばして立ち上がる。

ただ、これだけ……。これを五〇回連続でやると、そうとう脚にきます。

しかし、一分たらずで脚の筋トレと運動不足の解消がいっぺんにできる！

足は第二の心臓といわれます。足を鍛えることは、心臓を鍛えることと同じ。健康を保ち、寿命をのばします。

それが、たった五〇回の筋トレで可能になるのです。

わたしは六七歳の今でも、駅の階段は一段おきにヒョイヒョイ駆け上がっています。

あの黒柳徹子さんが、あれほどお元気なのも、毎日のスクワットを欠かさないからです。

わたしは、全国の老人施設で、この一日五〇回のスクワットを義務化してほしいと思います。最初いっぺんには無理でも、分けてやればいいのです。


苦あれば楽あり……。階段が一段おきに上がれるようになります。

これは、まさに高齢者にとって、福音ですよ。

おねがい

▽一時間座ったら五分歩かせてください。

▽革ベルト筋トレを、指導してください。

▽座位でもできる静的筋トレの実践を。

▽一日五〇回、スクワットを義務化する。

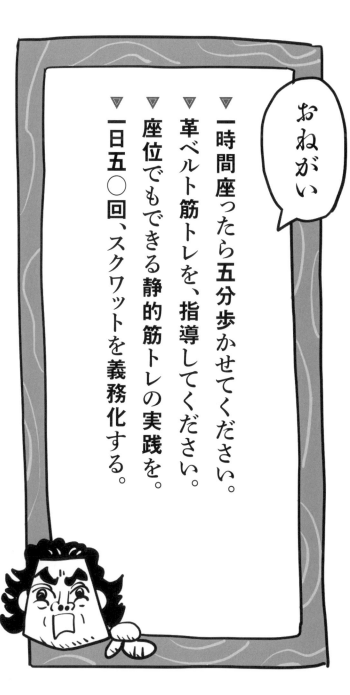

一日 50 回の筋トレで健康になり、長生きできる。

第5章

「かまいすぎ」

完全介護は〝最悪介護〟です！

23

病人あつかいしないヨガ道場

❖病気になって、おめでとう！

「病気を治すコツは、病人あつかいしないことだ」

わたしの尊敬するヨガ指導者、沖正弘導師の言葉です。

二五歳のとき取材で訪れた三島ヨガ道場の光景は忘れがたい。

ここには、全国から医者に見放されたほどの難病のひとたちもやって来ていました。

男性は青のジャージ、女性は赤のジャージ。これが、道場での〝修行服〟です。

夜の講和室には二〇〇人ほどが集まっていました。

そこに、「沖先生、入場！　合掌！」と掛け声とともに、全員が合掌します。

先生は黒づくめの道着で袴《はかま》の音を響かせながら登壇。

そして、演壇の机の両端をしっかと握り締めて、場内を睥睨《へいげい》するや、大音声で一喝……。

「よく、来たな！　病人ども」

これには、わたしもずっこけた。

先生は、さらに続ける。

「おめでとう！」。道場内は全員アゼンである。

「いいか！　本当に不健康なヤツは病気になろうと思ってもなれねぇヤツだ。しかし、オメェらは、みんな病気になった。だから、健康だ。おめでとう！」

全員あっけにとられて、ポカーンとしている。

❖早朝ランニングからマット運動

つまり、先生は、病気になる、ということは、身体が健康なので、それを治そうとして症状が現れたにすぎない……といっているのです。

つまり、病気と見えるものは、それは病気を治す「治癒反応」にすぎない。

つまりは、健康体であることの証明なので、〝おめでとう〟……。

それにしても、お金を払って全国から来てくれた道場にとっては〝お客様〟に「テメェら、オメェら」と呼び捨てにするのには、呆れて、笑いが込み上げてきました。

つまり、先生は、目の前の青、赤のジャージのひとたちを、まったく病人あつかいしていない。

これは、痛快です。いっさい病人あつかいしない。

それは、毎朝のランニングからはじまります。朝六時になると「起きろーッ！」と、竹刀を右手の沖先生の大声が響きます。ちなみに、ヨガ道場に来たひとは、病人ではなく、全員が修行者です。だから、一人の例外もなく叩き起こされる。

こうして、全員が、朝もやの近隣の道をランニングする。むろん、体力が弱って走れないひともいる。そんなひとでも、ゆっくり歩かせる。やはり、病人あつかいしない。

とにかく、道場の〝修行〟日程は、なんでもあり。

マット運動やヨガ体操、ポーズ、呼吸法、瞑想……休んでいるヒマなどない。

むろん、食事は、玄米菜食の完全ベジタリアン料理。そうして、医者が見放した末期ガンの患者さんたちでも、劇的に改善し、明るい笑顔で帰っていくのです。

❖ナーンにも悪くない！　問題ナシ

「病人あつかいするから、病人になる」

沖先生は、断言します。そのとおりです。

病人あつかいされる。すると、だれでも「ああ、オレは病人なんだ」と自覚します。

すると、不思議なもので、歩き方から、感じ方まで〝病人〟になってしまう。

それまで、胸を張って元気一杯だったものが、「あなたは、××病です」といわれただけで、背中が丸くなり、なんだか病人ぽくなっていく。

わたしは学生時代に、ウツ状態から体調を壊して一週間ほど寝込んだことがあります。

これはイカン……と、よろよろと近所の病院を訪ねました。

現れたお医者さんは、ハゲ頭で、でっぷり太ったかたで、わたしを一目診るや、大きな声で笑いながら肩を叩いてこういってのけたのです。

「ナーンにも悪くない。こーんないい体して！　まーったく問題ナシ‼」

わたしは、病院の外に出て、晴れ晴れと笑いが込み上げてくるのを押さえることができませんでした。

まさに、病は気から……。

豪快なドクターが、背中を力強く叩いてくれたおかげで、ウツの気分もフッ飛んでしまいました。

晴れやかな雨の下、傘を開いて、鼻歌まじりで、下駄を鳴らして帰ったことを、昨日のことのように覚えています。

24

老人あつかいするから、〝老人〟になる

❖「思考は現実化する」（ナポレオン・ヒル）

同じことが、老人施設にもいえます。

老人あつかいするから、〝老人〟になるのです。

わたしの母が、八〇代後半のとき、こう憤慨するのを聞いて、微笑ましく感じました。

「マア、今日、わたしのことを〝お婆さん〟と呼んだひとがおるとよ。腹立ったバイ」

母が自分のことを、老人だとは思っていなかったことが、嬉しかったのです。

わたしも、六七歳ですが、老人どころか、高齢者と思ったことすら一度もない。

いまでも、精神年齢一〇代、肉体年齢二〇代、アッチのほうは三〇代（笑）

……くらいに思っているのです。わたしのことを、オジイさん……なんて、呼んだ人がいたら、その場で締め殺すかもしれません。まあ、これは冗談ですが……。

「若い」と思えば、若い。「老けた」と思えば、老けるのです。

これは、生理学的、心理学的にも真理です。

「思考は、現実化する」

これは、有名なナポレオン・ヒルの「成功哲学」です。

「心は体の設計図」ともいわれます。

「思えば叶う」とは、「思考」（イメージ）にしたがって、生理プログラムが作動するからです。

「病気」という言葉が、それを証明しています。

「気」が「病む」と、つぎは「体」が「病」んでいくのです。

❖幼児のような老人たち

老人ホームを訪ねて、受ける印象があります。

それは、入居している老人たちが、みんな幼児のように見えることです。

昔から「年をとることは、子どもにもどること」とは、よくいいます。

だけど、ホームを訪ねると、みんな幼児のような顔つき、雰囲気になっていることにおどろきます。

なぜか？かんがえました。そして、得心がいったのです。

それは、ホームのひとたちが、かまいすぎているからです。

「ハイ、お食事ですよ」「おやつの時間ですよ」「歌を歌いましょうね」「お絵描きしましょうネ」「お遊戯しましょう」……。

いたれりつくせり。逆にいえば、まるで〝保育園〟です。

なんでも、園の先生がやってくれる。面倒をみてくれる。

食事から入浴から就寝まで、なにから、なにまでやってもらえる……。

幼児あつかいされれば、お年寄りらも、幼児なみの知性になっていきます。

現在、老人施設に入っているかたがたは、まさに戦後日本を築いたかたがたです。

その知力、体力、気力……が、いまの日本をつくったのです。

そんな、人生の大先輩たちが、老人施設で、幼児なみにあつかわれ、幼児なみになっている……。

それは、人間の尊厳からいっても、許されることではありません。

先達として、敬意を表し、威厳を貴ぶ。そんな、接し方があるべきです。

人生の大先輩を幼児なみにあつかわないで！

25

体ぐらい自分で洗わせたら、どうです

❖入浴か人間テンプラか?

わたしの隣人のOさんは、老人福祉施設に勤務しています。

お仕事の内容を聞いておどろきました。お年寄りの身体を洗うことだそうです。

「一日に一〇〇人以上も洗うから、大変ですよ」と、労働のキツさを訴えていました。

わたしは、それより老人施設で、介護のひとが、全身を洗ってあげている……、という現実にビックリしたのです。

体ぐらい、自分で洗わせればいいじゃないか、と思ってしまいます。

体の自由がきかない障害者のかたなら、仕方がないでしょうが……。

知人の重度障害のかたが、苦笑まじりで、いっていました。

「入浴のときはネ、大きなザルに入れられて、湯殿に浸かる。そうして、時間がくるとザルがザアーッと持ち上げられる。まるで、自分がテンプラになった気分だよ」

わたしも苦笑で答えるしかなかった。福祉現場での介護職の日々奮闘の努力は、よくわかります。ただし、どこか、ズレているような気がします。

26

ただ、弱らせ、死なせる老人介護

❖依存心でドンドン老ける

わたしは、この本の帯に「なぜ、日本の寝たきりは、ヨーロッパの八倍、アメリカの五倍もいるのか?」と、問いかけています。

その原因のひとつが、完全介護なのです。

欧米の介護の目的は、自立させること。そして、日本の介護の目的は自立させないこと。

現場のひとたちに、そんな〝悪意〟はまったくないでしょう。

しかし、結果として、自立させない介護が、日本ではあたりまえになっているのです。

なんでもしてやると、依存心でドンドン老ける。

これが、完全介護の恐ろしいところです。そして、弱り、死んでいく。

……弱らせる。死なせる。

これが日本の介護の真の目的ではないか?とすら思えてきます。

❖脳は不活性、手先は不器用に

上膳据膳《あげぜんすえぜん》とは、他人まかせの優雅な暮らしのたとえです。

食べる物がいつでも目の前に出てくる。食べたら片付けてくれる。

なんとも、ラクチンの極みです。だけど、わたしにいわせれば、じつにツマラナイ人生です。わたしは、現在、一人暮らしです。一日一食のシンプルライフです。

その一日一回の食事は、手料理します。それが、ささやかな楽しみです。

どんな料理を作ろうか？　どういう素材と調理を工夫するか？

料理の楽しみとは、創意工夫の楽しみです。料理をするひとは頭がいい……、とよくいわれます。料理は、いろいろな食材のコンビネーションの妙なのです。

そこで、脳が幅広く活性化され、手の繊細な動きが上達していきます。

他人に料理を作ってもらう。それは、これらの楽しみと喜びを奪われることです。

掃除や洗濯もそうです。掃除洗濯や整理整頓も、それなりに頭と手をつかいます。

創意と工夫と達成……これぞ、生きている証しです。

それをすべて他人にまかせる。自分はなにもしない。

とうぜん、脳は不活性化していき、手先はひたすら不器用になっていくでしょう。

これが、上膳据膳つまり、完全介護の大きな問題点です。

自分でできることは、自分でやらせる――これを原則とすべきです。

おねがい

▼老人あつかいは、やめてください。

▼幼児なみに接しないでください。

▼依存でなく自立して生きるように。

▼できることは自分でやらせましょう！

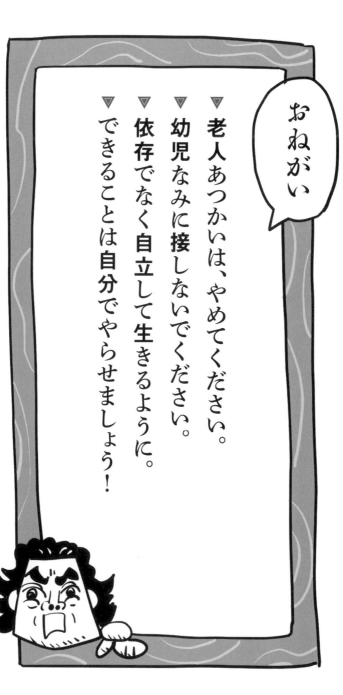

自分でできることは、自分でやる。

第6章

「甘やかしすぎ」

認知症……〝赤ちゃん返り〟をさける

27

心が赤ちゃんに逆もどりする

❖心や行動が〝赤ちゃん返り〟

なんでもやってもらう。すると、なんにもできなくなる。

これは、本人のためと思って、本人の人生をダメにしているのです。

その典型が、体を介護士が洗ってあげる……ということです。

なるほど、重度の障害があって、自分で洗えないひとは、仕方がありません。

しかし、自分で手が動かせる。なら、自分の体は、自分で洗えるはずですよね。

老人で、恐ろしいのは廃用萎縮である。これは、すでにのべました。

もうひとつ、恐ろしいのが退行現象です。

「退行」とは、つまり「後退」すること——。

わかりやすい言葉でいえば〝赤ちゃん返り〟です。

退行現象とは、心や行動が子どもや赤ちゃんに、逆戻りしてしまうことをいいます。

❖幼児語で語りかけると……

老人施設では、介護士さんは、知らず知らずに、幼児に話しかけるような言葉をつかいます。それは、けっして悪気はないのです。思いやり。やさしさ。それが、あまりに深いので、まるで幼児に話しかけるような口ぶりになるのでしょう。

そういうふうに語りかけられたお年寄りも、ニッコリ笑顔を返します。

そのまなざし、口許の笑みも、まさに幼子《おさなご》のようです。

これは、心理学では「暗示反応」といいます。

幼子のように接すると、幼子のように応じてしまうのです。

「はい、お食事ですよ。アーン」と口を開けさせて、スプーンを口許に運ぶ。

すると、お年寄りも自分も幼児か赤ちゃんになったかのように、応じてしまうのです。

「暗示」は、一種の催眠術です。

あなたは、鳥になって大空を飛んでいます。

そう催眠中に暗示をかけられると、まるで自分が、鳥になったかのように、感じふるまいます。

同じように、「はい、お食事しまちょうね」と幼児語で、語りかけられると、お年寄りは、自分が赤子になったかのように感じて、そのようにふるまうのです。

これが、退行現象です。

いつのまにか、赤ちゃんに逆戻り！

28

ここにいたくない……現実逃避で認知症

❖幼児化はボケの初期症状

退行現象……つまり、老人が〝赤ちゃん返り〟する。

すると、そのさきに待つのは認知症です。はやくいえば、ボケるのです。

その事例——。

七〇代、男性。定年時から「仕事が終わったら隠居してなにもしたくない」といっていた。

テレビを見るか、うたたねしている。

運動、家事をさける。

食事とお菓子（好きなこと）には、反応する。言葉づかいが幼くなり、発言、ものごとへの感想が単調で、言葉の種類が減り、同じ語り文句ばかりをくり返す。

食べかたが汚くなり、いっしょにいるひとのことを気にする様子がなくなった。

直前まで、家族が目の前で話していた会話を聞いていない。

テレビを見ているはずなのに、内容が理解できていない。

（例）旅番組などのナレーションで「ここは××」といっていたのに、「ここ、どこを映しているの？」

とにかく、まわりにたいする配慮が、以前はあったのに、なくなるいっぽうです。

ただの「なまけ」なのか、「幼児退行」のきざしなのか……「認知症の可能性あり」なのか、わからない……。

生活をしっかりするよう声かけしたらいいのか？

イライラしたらいいのか？

改善はあきらめて、慈悲ぶかく接したらいいのか？

わからずに困っています。

以上は、ネット「ヤフー知恵袋」に寄せられた親族の相談です。

29

事《こと》に仕《つか》え、無心で、手を動かせ

❖一言でいえば……ヒマ

かつては電機系の優秀なエンジニアだったわたしのイトコSちゃん。

いまは、退職して、悠々自適の年金暮らしです。

ひさしぶりにあって、たずねました。

「最近、どう……？」

「ウーン……」と、少しかんがえたあと、

「一言でいえば……ヒマ……」と苦笑まじり。

なにも、やらなくていい。これほど、ラクな暮らしはありません。

しかし、「なにも、やることがない」日々の暮らしは、別の見方をすれば地獄です。

わたしは、六〇歳定年制ほど、残酷な制度はない……と思います。

まだまだ、気力も能力もある人間から、六〇歳という年齢が来た……というだけで、バッサリ仕事をとりあげてしまう。なんと、残酷なことでしょう。

❖〝仕事〟は「事」に「仕える」

では——仕事を取り上げられて放り出されたひとたちは、どうしたらいいのでしょう？

新しい〝仕事〟をつくればいいのです。

〝仕事〟とは「事」に「仕える」と書きます。
無心で、何事かに、仕える。それは、まさに充実の人生です。
無我夢中とは、心身が最高の能力を発揮することです。
「三昧《ざんまい》」という仏教用語があります。それは、対象と一体化する境地です。
「仕事三昧」とは、仕事と一体化した、究極の無我の境地を表します。
なにもしないで、部屋でゴロゴロしているのとは、えらいちがいです。
なにもしなくてすむ。これは、まさに、ラクチンです。
しかし、あの「楽あれば苦あり」の戒《いまし》めを思い出してください。
「一路白頭《いちろはくとう》」――という禅の教えがあります。
これは、頭が白髪になるまで……ひとつの道に精進して生きる……生き方を指します。
まさに、ひとつの事にとことん仕える生き方です。
究極の職人、究極の芸人、そして、究極の学者たちに通じる生き方といえます。

❖人生とは、作業である

それほど高邁《こうまい》に考えずとも、なにもしない人生は、生きていないのと同じです。
人生とはなんですか?――こう聞かれたら、こう答えます。

「人生とは、作業である」

つまりは、四の五の言わず、**「手を動かせ！」**。

物書きは文章を書け。

板前は包丁を動かせ。

大工は鋸《のこ》をひけ。

無心で没頭して手を動かし続ければ、結果はあとからついてきます。

「……なにも、しなくていいですよ」

耳元でささやく日本の福祉は、この人生の生きがい、「仕事」を取り上げているのではないでしょうか。

「福祉」とは……要介護者に、すべてをしてあげる……こと。

それは大いなるかんちがいです。生きる気力、生きる能力……それらを、よみがえらせる。それが、真の福祉です。

❖草取りに生きた九四歳祖母

老人施設なら、何かひとつでも「仕事」を与えることでしょう。

「事」に「仕えれば」、必ず、その結果に喜ぶひとがいます。

掃除をすれば「きれいになったねぇ！」と、ひとびとは、喜ぶ。
花を生ければ「きれいだわねぇ……！」と、やはり歓声をあげてもらえる。
ひとを、幸せにする。それは、自分が幸せになることです。
わたしの母方の祖母は、九人の子どもを産んで、九四歳までかくしゃくと生きました。
晩年の生きがいは、庭の草むしりでした。
衰えても、庭に新聞紙を敷いて、腹ばいになって、草取りをしていたそうです。
雑草のないきれいな庭にする……それが、祖母の最晩年の〝仕事〟でした。
ひとつひとつの草を、ていねいにむしる……。
その作業に生き抜いた祖母は、幸せだったと思います。

おねがい

▼幼児語で語りかけないでください。

▼手を動かす喜びを教えてください。

▼熱中できるものを示してください。

▼かんたんな仕事を与えてください。

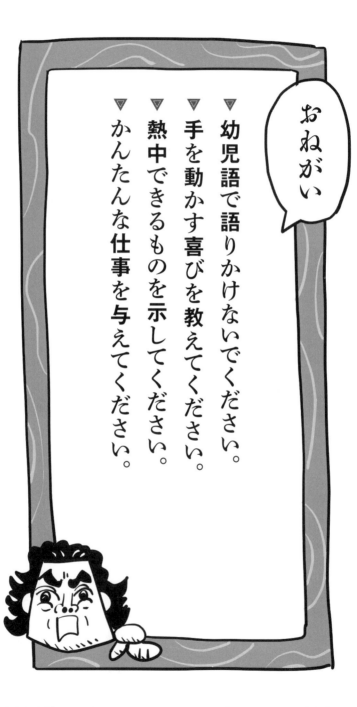

第7章

「洗いすぎ」

皮ふ病、ハゲ、白髪の原因に

30

静かなブーム、洗わない〝タモリ式入浴法〟

❖漬かるだけで汚れ八割は落ちる

「オレは風呂で、体を洗ったことはない」

これは、あのタモリさんの有名な一言です。

三二年間の長寿番組「笑っていいとも」で、出演した女性タレントたちに「タモリさんて、どうして、そんなに肌がきれいなんですか？」と、訊かれて、飛び出した答えです。

会場からはウッソーッ！の驚きの声。

「それって、不潔じゃないですか？」若手につっこまれても、平然と……。

「風呂に一〇分漬かっていれば、汚れの八〇％は落ちる」

これは、正しい。しかし、洗剤メーカー、ライオン提供番組なのに「体は洗わない！」と、言ってのけたのは、さすがです。

「風呂に入って体を洗わない」

タモリさんが、この横着入浴法を始めるきっかけは、あの作家、五木寛之氏が同番組の「テレフォンショッキング」に登場したときの会話です。

五木寛之氏こそ「体を洗わない」「髪を洗わない」生き方の大御所です。

感化されたタモリさんは、早速実行して、おおいに気にいった、というわけです。

31

スキンケア化粧の正体は スキン〝ダメージ〟

❖女性七割がカサカサ乾燥肌

なるほど、日本人は世界でいちばん清潔好きな民族といわれています。

毎日、風呂に入り、せっけんやボディソープで、体を洗う。頭はシャンプーで洗髪があたりまえ。それにたいして、皮ふ科医は、こう警告しているのです。

「……そのせいで乾燥肌になっています」

それは、化粧品による〝スキンケア〟も同じ。

「……日本人だけが、やたらたくさんの（化粧品）アイテムを使って、お肌を〝手入れ〟しています。クレンジングと洗顔料でのW洗顔で汚れを落とし、化粧水からはじまり、クリームに終わるステップ数の多いスキンケアで、肌に水分・油分・栄養分を〝与える〟のがふつうですよね。その結果、どうなっているか、というと、女性の七割以上が乾燥肌だとか、敏感肌になっています」（ブログ「お風呂で美肌げっと！」）

皮ふ科医によれば、「皮膚が乾燥するのは〝洗いすぎ〟＋〝こすりすぎ〟のせい」という。

なんともはや、肌をきれいにするはずのお風呂洗いが、全身の肌を乾燥肌にし、女性の念入りなスキンケアが、顔をカサカサにしていたのです。

32

アトピー皮ふ炎、老人乾皮症も洗いすぎ

❖〝タモリ式で肌はつやつや

皮膚科専門医は、〝タモリ式入浴法〟を絶賛します。

その効果は――

⑴肌がつやつやになる。
⑵体臭がしなくなる。
⑶乾燥肌が治る。
⑷アトピー皮ふ炎が改善。
⑸湿疹が消える。
⑹皮ふ疾患が改善。

そもそも皮ふ表面は、皮脂腺から分泌された脂分と、汗腺から出た水分が乳化した皮脂膜で覆われています。これが、皮ふ表面で外敵の侵入を防ぐ防御層（バリアゾーン）を形成しているのです。

また、皮ふ表面には、約二〇種類もの常在菌が棲みついています。

これら、常在菌は、他のばい菌を攻撃して侵入を防いでくれています。

ところが、入浴のたびに石けんとタオルで、ゴシゴシ洗うと皮脂膜も常在菌もこそげ落としてしまいます。

そして、皮脂膜が回復して、皮膚表面を覆うのは一二時間以上もたってからです。

それまで、肌はむきだしのままです。

肌を守る防御層もない、常在菌もいない。

すると、カサカサの荒れた肌に、外部から悪玉菌がやってきて侵入し、炎症や、腫れ、痛み、かゆみを引き起こします。

これが、アトピー、湿疹や皮ふ炎などが発症するメカニズムです。

つまり、これら皮ふトラブルのおおもとの原因は〝洗いすぎ〟にあった、のです。

❖老人にゴシゴシ洗いは地獄

ここまで、読んで老人介護施設のかたがたは、ただ絶句でしょう。

お年寄りを、できるだけお風呂に入れて、全身を石けんで、ごしごし洗って上げる。

これが、最上のケアだと信じて、行ってきたはずです。

ところが、その熱心な洗い方こそが、皮ふトラブルの最大原因だったのです。

とくに、お年寄りに、〝洗いすぎ〟は禁物です。

乾皮症という皮ふ病をごぞんじでしょうか?

文字通り、皮ふが乾く病気です。すると、かゆくて、かゆくて、たまらない。

老人性乾皮症は、さいたるものです。

それでなくても、老化現象で、皮ふは乾燥がちになります。

だから、かゆさを訴える。そこで用いるのが「孫の手」とは、よくできたものです。

ただでさえ、年寄りの肌は乾燥しがちです。

そのお年寄りを毎日風呂に入れて石けんやボディソープで、ごしごしこすりまくってる。

それが、老人福祉の現場です。

おねがい

▽お風呂でゴシゴシ洗いは止めてください。
▽〝タモリ式入浴法〟も採用してください。
▽シャンプーもせっけんに変えてください。
▽ヘアケアは椿油、オリーブ油に願います。
▽洗たくもやさしいせっけんにしてください。

第8章

「足腰、弱すぎ」

立つ、歩く、走る、これで、まともな人生だ

33

だんだんラクして動かなくなる

❖ヨチヨチ歩きから車椅子へ

お年寄りを見ていると、足元のおぼつかないひとが多い。
いわゆるヨチヨチ歩きですね。歩きが不安定になるので、杖に頼る。
すると、さらにステッキ頼りで、足の運びもぎごちなくなる……。
転んだら大変だ。骨を折ったらアウトだよ。
段差が怖いねぇ。
こうして、外出も控えるようになる。
さらに、足腰が弱る。
立つのもままならない。
家族が気をきかせて、車椅子を手配してくれた。
ああ、こりゃあラクだ……。
なんといっても、後ろから押してもらえる。
どこにでも行ける。ありがたい。
しかし、車椅子に慣れてくると、トイレが大変だ。
椅子から降りて、便器に座るのも一仕事だわい。用を足して、椅子にもどるのも難儀する。
障害者トイレの有り難さを実感する。しかし、こうなると車椅子の移動も大変だ。
それなら、ゆっくり寝ていたほうが楽だ。
いまどきのベッドは、自動で背中が起き上がる。
こりゃあ、ラクチンだ。
リモコンでテレビ操作は自由自在。
最近は、ベッドで懐かしの名画を見て過ごすようになった……。
トイレ……？　今はオムツのお世話になっていますワ。（苦笑）

34

日本の介護は寝たきりにするシステムだ

❖急に老けた二人の映画監督

寝たきりの原因のひとつに、安易に車椅子に頼らせることがあるでしょう。

わたしは、車椅子といえば映画の新藤兼人監督を思い出します。

一九一二年、広島生まれ。一〇〇歳という長命で知られる映画作家です。

とにかく、老年にいたっても、その壮健さと創作意欲は驚異的でした。

しかし、晩年は足腰が衰えた、という理由でスタッフが車椅子を手配しています。

遺作となった『一枚のハガキ』は、車椅子に乗っての監督、撮影でした。

そして、あれほど頑健だった監督は、いっきに老いて、弱り、亡くなったのです。

車椅子で、その足腰が弱ったことが死因のひとつでしょう。

同様に、世界の巨匠、黒澤明監督も、晩年は車椅子でした。

きわめて精力的でダイナミックな映画づくりで知られる黒澤監督も、晩年、京都の宿の風呂で転んで骨折し、以来、車椅子でした。

すると、あの驚異的体力、気力を誇示していた監督もみるみる衰えて、八八歳の生涯を閉じた。

長命ではあるが、あるとき車椅子の黒澤監督を見かけて愕然とした。

そこには、かつてのエネルギッシュな外見とは、まったく異なる老けてしまった老人の姿があったからです。

つまり、車椅子に乗ると、アッというまに老けて、あの世にいってしまう。

この高名な二人の監督に共通して欠けていたのは、車椅子に頼るのではなく、足腰を鍛えることだったのです。

35

スタスタ歩いて一〇七歳！
きんさんの筋トレ

❖車椅子から降りて筋トレへ

対照的なのがきんさんの筋トレです。

きんさん、ぎんさん……といえば、かつて一世を風靡した国民的アイドルのお祖母ちゃん双子姉妹です。

姉の成田きんさんは一〇七歳、そして、妹のぎんさんは一〇八歳という長寿を達成しました。じつはきんさんは一〇〇歳のとき、すでに歩けず、車椅子の生活だったそうです。

それが、ヒョンなことで全国的に有名になってしまった。

突然、ひっぱりだこの生活に……。

テレビ局のスタジオなどに行くのに妹のぎんさんはスタスタ歩いていく。

なのに、姉のきんさんは車椅子の要介護。

負けず嫌いのきんさんは一念発起で脚の筋トレを開始します。

そのときのトレーナーの話では、最初のきんさんの両足は、まるでお箸のように細かったそうです。

最初はうつぶせで、両足を曲げて、伸ばすことから始めました。

それから、ゆっくり負荷をかけて屈伸をくり返すうちに、なんと次第にきんさんの両脚に筋肉がついてきたのです。
その筋トレの実際の記録が、単行本になっています。
タイトルはズバリ『きんトレ』（久野信彦著　自由国民社）。
副題は「100歳まで歩ける！――成田きんさんの筋力トレーニング」。
表紙のきんさんの笑顔が、なんとも可愛らしい。

きんさんは100歳で脚の筋トレをはじめた！

36

さあ！「老筋力」をきたえましょう！

❖筋肉は老化しない、退化する

一〇〇歳から筋トレ……！

あなたは、耳をうたがうでしょう。

しかし、筋肉は老化しない。退化するのみ。

この原則を思い出せば、なっとくできるはずです。

だから、一〇〇歳であろうと、一一〇歳であろうと、筋肉は鍛えると発達して、答えてくれるのです。きんさんは、その明るい笑顔と負けん気で、それを証明してくれたのです。

その奮闘ぶりの映像が残っています。それはユーチューブ等で見ることができます。

▼『高齢者の筋トレ効果！「きんさん、ぎんさん」の秘話』（YouTube　2014／4／3）

▼『報道スクープSP　1992──きんさん、ぎんさん：一〇〇歳の筋トレ秘話』（Dailymotion　2015／10／10）

▼『高齢者の筋肉トレーニング（初級）』（YouTube　2012／6／1）

『きんトレ』を購入したひとの感想です。

「……ヒザ痛から歩行に自信がなくなってきた母にあげました。高齢でも希望が持て、やる気にさせるようです。とても気にいっていました。継続するかどうかは、本人次第ではありますが、きんさんを基準にして、今からでも遅くないというのは、とても前向きな気持ちになれるようです」

「……おばあさんに贈りました。読みやすい。説明がわかりやすい。トレーニングもかんたん。面倒臭がりのおばあさんたちには、良いです」

似たような参考書に『「老筋力」トレーニング&ケアＢＯＯＫ』（久野信彦著　祥伝社）があります。

副題は「１００歳になってもひとりで歩ける！」

ソフト筋トレのひとつに、〝スローピング〟があります。

これは坂道や階段などの上下動を行うものです。ふつうのウォーキングに比べて約二〇倍も運動効果がある、という指摘もあります。老人施設には階段があるはずです。そこで昇り降りをさせるだけで、目を見張る運動効果が得られるのです。

よく、年寄りの冷や水……なんて、いいますね。

その意味は「老人が冷水を浴びるような、高齢に不相応な危ない行為や差し出がましい

振る舞いをするのを、警告したり、冷やかして、言う言葉」（デジタル大辞泉）

しかし、きんさんの快挙は、こんな冷やかしの言葉も、ふきとばします。

還暦すぎたらどころではなく、一〇〇歳すぎても、本気で筋トレの心意気が長寿を約束してくれるのです。

だから、寝たきり老人にハッパをかけたい。

まずは、起き上がれ！　起きたら立て！　立ったら歩け！　歩いたら走れ！

……それが、ほんとうの人生だ。

おねがい

- **寝**たきりは**起**こし**立**たせてください。
- **立**ったら、**今度**は**歩**かせてください。
- **歩**けたら「**老筋力**」トレーニングを！
- きんさんに**習い一〇〇歳**でも**筋**トレ！
- **外**を**歩**かせさらに**走**らせてください。

第9章

「筋力」は、「骨力」だ！

一に筋トレ、二に筋トレで、ちぢまない、まがらない

37

年とると、なぜちぢむ？なぜまがる？

❖脊椎が〝圧迫骨折〟している原因

年配のかたに、ひさしぶりに会う。

すると、ひとまわり小さくなってることに、驚きます。気のせいではなく、本当にちぢんでいるのです。さらに、猫背で背中もまがっています。

年をとると、なぜ、ちぢみ、なぜ、まがるのでしょう?

その原因は、はっきりしています。それが〝圧迫骨折〟です。

体重の圧力に負けて、脊椎骨が〝圧縮〟されるのです。

まったく、痛みもなく、本人も気づきません。

だから、別名、〝いつのまにか骨折〟と呼ばれます。

背まがり、腰まがりも、同じ〝圧迫骨折〟でおきます。

お年寄りは、楽な姿勢をとりがちです。

背中を丸めて座ると、楽なのでその姿勢のままでいると、やはり〝いつのまにか骨折〟が起こって、前屈みのまま姿勢がかたまってしまうのです。脊椎は、約三〇個の脊椎骨が連なり重なっています。その椎骨が、体重圧に負けて、ちぢむ。それだけ、身長もちぢむのです。

前屈姿勢では、椎骨の前面に圧力がかかるので、やはり変形します。

このような骨変形が起こる原因は、骨がすかすかで脆《もろ》くなるからです。

それが、悪化した症状が、骨粗しょう症です。レントゲン写真をみると、骨がスカスカになっているのがよくわかります。

❖骨の代謝周期は約三か月

骨内部に、どれだけしっかり成分が詰まっているかをあらわすのが「骨密度」です。

人間のあらゆる器官、臓器は、日々、新生しています。つまり、古いものから、新しいものへと、生まれ変わっているのです。まさに、それが新陳代謝なのです。

つまり、何年か前に会った人と、現在の人では、体の細胞はすべて入れ替わっています。

つまり、あなたの目の前にいる人は、〃別人〃なのです……。

だいたい、個人差はありますが、体細胞は約六年周期で、すべて新しく生まれ替わります。それを代謝サイクルといいます。筋肉・肝臓などは、約二か月周期で生まれ変わるといわれています。骨も例外でありません。代謝サイクルは三か月といわれます。

骨には、二種類の細胞があります。「破骨細胞」と「骨芽細胞」です。

前者は、骨を壊す働きがあり、後者は、骨をつくる働きがあります。

「破骨細胞」が「骨芽細胞」より多いと、骨はドンドン衰えていきます。「骨芽細胞」が「破骨細胞」より多いと、骨は逆に、発達していきます。

Use or Lose（使わなければ、衰える）。それは、骨細胞にもいえます。使わないと「破骨」が「骨芽」より優位になり、骨は脆《もろ》くなっていく。そして、骨粗しょう症で、スカスカになり、圧迫骨折で背はちぢみ、腰はまがるのです。

38

筋トレが、背まがり、ちぢみを防ぐ

❖強い筋肉が強い骨を育てる

圧迫骨折を防ぐには、骨密度を上げる以外に方法はありません。

では——。

どうしたら、骨密度を上げることができるのでしょう?

それは、骨に負荷をかけることです。

骨に外力が加わると、それに応じるため「骨芽細胞」が優位になり、骨密度が上がっていきます。

骨に外力を加えるには、どうしたらいいでしょう?

骨の形をイメージしてください。

両端に筋肉が腱でくっついています。

その筋肉の伸びちぢみで、骨格は動きます。

筋肉が収縮すると、それが骨への負荷となります。

すると、それに応じて、「骨芽細胞」が増殖して、骨密度が上昇し、骨は強くなるのです。

だから、筋力が骨力をつくるのです。

つまり、**強い筋肉が、強い骨を育てる……**。

筋力は、即、骨力につながります。

だから、筋トレが、お年寄りの、背まがり、ちぢみを防ぐのです。

あなたは、年をとって、ショボショボのお年寄りになりたいですか？

そうではないでしょう。背ちぢみ、腰まがりの原因は、運動不足。

筋トレ不足から起こる。

それは、もうハッキリしています。

なら、年をとるほど運動する。筋トレする。

なんと、かんたんなことでしょう。

どんな、筋トレをしたらいいの？

答えはかんたんです。ハードな筋トレなど不用です。

わたしが本書ですすめる「静的筋トレ」（アイソメトリックス）を実践すればいいのです。

39

ヒザ、腰の痛みは筋肉の衰えから

❖運動・筋肉不足が原因

ヒザ痛、腰痛も、筋トレで治ります。

それは、整骨師など専門家が、口をそろえて断言しています。

医師は、「ヒザ痛、腰痛は、動かしてはダメ」といってきました。

しかし、それは、まちがいだったのです。

「ヒザ痛、腰痛は、動かせば治る」

これが、現代の常識です。「動かす」とは「筋トレ」の意味です。

誤った姿勢、誤った動き方、さらに筋肉不足でヒザ痛、腰痛は起こるのです。

最大の原因は筋力が弱っていることです。

「痛い」と、動かず、できるだけ安静にしています。すると、さらに筋力が衰える。

すると、さらに「痛み」が増す……という悪循環におちいっていきます。

❖ヒザ痛、腰痛は洋風暮らしから

一般の人を対象にした疫学調査では、六〇歳以上で、女性の約四〇％、男性の約二〇％が、レントゲン上、変形性ヒザ関節症と判定されています。

これは、ヒザ関節の軟骨がすり減ったり、なくなって、ヒザの関節が変形して、痛みや腫れの原因になった状態をいいます。

では、なぜ、こんな状態になってしまったのか?

ズバリ、運動不足です。

高齢者に、ヒザの痛みを訴える人が、増えています。

その原因のひとつが洋風のライフスタイルでしょう。高度経済成長期には、欧米風の椅子式暮らしがもてはやされました。椅子にテーブル、それにベッド……。

それは、立ったり座ったりがラクです。

これにたいして、従来の和風の暮らしは、立ったり、座ったりが多い。

それに、布団の上げ下ろし。けっこう、体をつかいます。

じつは、この和風の立ち居振る舞いの暮らしが、日本人の足腰を鍛えていたのですね。

だから、昔の高齢者で、ヒザ痛を訴えている人は、ほとんどいなかったのです。

腰痛も同じです。足腰の筋肉不足が、その最大の原因なのです。

❖足腰に筋力つける筋トレを

なら、足腰に筋力をつけてやればよい。それには、筋トレと運動しかありません。

しかし、「ヒザ痛」「腰痛」専門の整形外科でも、不思議に「運動不足」「筋肉不足」のことはいわない。

「いい薬がありますから、打っておきましょう」

などと、〝痛み止め〟注射を打ったり、〝鎮痛剤〟を処方したりする。

これらは、正式名称は、消炎鎮痛剤。それは痛みのもとを根治するのではない。

ただ、血流を一時的に阻害して、痛みを感じなくさせているだけ……。

血流阻害は、患部の治癒を妨げるだけでなく、さまざまな重大副作用を招きよせる。

安保徹・新潟大名誉教授は「万病の原因となるから、〝痛みどめ〟は絶対つかってはいけない」と警告しています。

慢性病の「ヒザ痛」「腰痛」の最大原因は、筋肉の衰えです。

だから、筋肉を鍛える筋トレ以外に、根治の方法はありません。

それを、整形科医は、絶対に指導しない。なぜなら、筋トレで完治しては、商売あがったりだからです。むろん、無理な筋トレはひかえるのは、とうぜんです。

痛みを感じない程度に、筋トレを行い、まずは、ヒザまわり、腰まわりに、筋肉をつけて、発達させることです。

「きんさんの筋トレ」を参照にしてください。

40

脊柱管狭窄症《せきちゅうかんきょうさくしょう》も筋トレですぐ治る

❖患者数二四〇万人とは……！

さらに、腰痛が悪化すると脊柱管狭窄症という難しい病名が、つけられます。

これは、脊柱管が狭くなって、脊髄神経が圧迫されている、という診《み》たてです。

なんと、患者数は、推定で二四〇万人にものぼるそうです（四〇歳以上）。

これは、四〇歳以上の人口の三・三％に相当します。

では、医者はどう治療するのか？

わたしの友人で、わかっているだけで三人が手術を受けています。

その激増ぶりがおしはかれます。

ただし、現代医学が、これら患者に行うのは手術という荒療治のみ。

それも脊柱管を削るという荒っぽいもの。

わたしの先輩Iさんは、手術の失敗による後遺症で、いまや重度障害者です。

この危険な大手術を医者がやりたがる第一の理由は、それだけ儲かるからです。

しかし、近年、「脊柱管狭窄症は、運動で治る！」と主張する医師たちも増えてきました。

いわゆる、運動療法です。

脊柱管狭窄症に苦しむ患者は「もっとも重要な治療がぬけ落ちていることが多い。その治療とは、『運動療法』です」（清水整形外科クリニック院長、清水伸一医師）

その治療法は「体幹インナーマッスル・トレーニング」と呼ばれます。

なんのことはない。

お尻を締めて、腹筋、腰筋を強化するアイソメトリックスを実践すれば、よいのです。

いつでも、どこでも、自由にできて、経費も痛みもかからない。

それでも、危険きわまりない手術台に乗る気になりますか？

おねがい

▼寝たきりにはハンドグリップを指導してください。

▼背ちぢみ、背まがり防ぐ筋トレ指導を願います。

▼ヒザ痛、腰痛には、足腰筋トレをさせてください。

▼脊柱管狭窄症に、体幹筋トレを指導してください。

第10章

ヒザ痛、猫背、腰まがりは、介護の責任

運動不足と悪い姿勢をチェックしてください

41

世界の猫背のうち、六〇%が日本人！

❖「猫背遺伝子」が原因とは

日本人は、もともと、姿勢はあまりよくありません。

「全世界の猫背のうち、六〇%が日本人！」

おどろくべき報告です。

それは、日本人とモンゴル人だけがもつ「猫背遺伝子」が原因だという。

まず、「猫背」の悪影響について、次の報告があります。

(1)太りやすくなる

――それは、「猫背」になると、老廃物を排出しにくくなり、体脂肪が燃えにくくなる体質になります。理由は、「猫背」姿勢が、首まわりや、脇の下のリンパの流れをとどこおらせるからです。

(2)偏頭痛、耳鳴り、目のかすみ

――「猫背」だと、自律神経が通っている首の後ろ側が縮まるからです。そのため首の後ろが圧迫され、耳鳴り、目のかすみなどの原因になる場合があるのです。

(3)気持ちが落ち込みやすい

――「猫背」姿勢は、両肩が前向きになりがちです。これを〝巻きこみ肩〟といいます。とうぜん、胸は圧迫され、呼吸は浅くなり、気持ちが滅入る……というわけです。

(4)性格が陰気に見られる

――背中が丸まっていたら、あたりまえ。男女とも、これではモテませんね。

❖矯正体操で背筋ピシッ

「猫背」の世界的な研究者によれば、それは圧倒的に日本人に多いという。

「……猫背は、圧倒的にアジアに多い。とりわけ、日本は全世界の約六〇％を占める。そして、『猫背』の男女の割合は、男性七五％、女性二五％と、男性が三倍も多い」（米カリフォルニア州、ＤＡＬＡ大報告）

この研究によれば、「猫背は遺伝する」。

そして、その遺伝子は「ＮＤＲ遺伝子」と呼ばれている。

「なぜか、日本人とモンゴル人にしかない特異遺伝子で、西欧人種、または他のアジア人種には、存在しない」（同報告）

なるほど、ユニークな研究もあるものです。

「猫背遺伝子」があるから、といって「猫背」が治らないわけではない。

それは、体型の一種の特徴にすぎない。

とうぜん、矯正可能で、矯正体操もあります。

(1)肩甲骨寄せストレッチ

――文字通り、両側の肩甲骨を寄せる。自然に背中が反り、胸が張ります。

(2)壁付け腕まわしストレッチ

――背中を壁につけて、腕を大きくまわす。やはり、背筋がまっすぐになります。

(3)腕引き上げストレッチ

――両手を後ろで組んで上に引き上げ二〇秒キープ。これを三回行う。

日本人のほとんどが「猫背」というのも、あながちオーバーではない。二〇代では六〇%以上が「猫背を自覚している」という。『ねこ背は治る!』(小池義孝著　自由国民社)という本が二四万部ものベストセラーになっているほどです。類似本も売れています。

それだけ、「猫背」を自覚し、悩んでいる日本人が多いということでしょう。

42

いちばん怖い！腰まがりで寝たきりに

❖腰がまがると寿命がちぢむ

「猫背」のひとは、意識して背筋をのばしたほうがいい。

それは、とうぜんです。「猫背」をそのままにしていると、こんどは腰がまがってきます。背がちぢんで、腰がまがってくる。こうなると、立派なお年寄りです。

杖がないと立てないほど、腰のまがった老人もいます。

また、手押し車を押すおじいさん、おばあさんも。腰が直角近くまがっており、もはや手押し車に頼らないと、歩行不能でしょう。

専門医は、この「腰まがり」は、寿命にも大きく影響する……と警鐘を鳴らします。

その影響とは――

(1)日常動作がうまくできない
――歩行、立ち上がり、トイレなど、生活に不可欠な動作ができなくなります。

(2)要介護リスクが高まる
――日常動作がうまくできないので、介護が必要と認定されるのです。

(3)足を上げる筋肉がうまく動かず、重心移動ができない
――起居、歩行、移動などが困難になってきます。

(4)肩甲骨・肩間節の動きが悪く、高い物が取れなくなる

――これは、五〇肩よりさらに深刻な症状です。

(5)頭痛、肩こり、ヒザ痛、肩痛などの症状が出る

――痛いので動かさない。だから、動かなくなる、の悪循環におちいります。

(6)呼吸がしにくくなる

――肋骨の可動範囲が狭まるため肺がうまく機能しない。

(7)食欲不振、逆流性食道炎になりやすい

――背中がまがって内臓を圧迫するため障害がでやすい。

(8)血流不全、冷え性などになる

――腰まがりが、心臓や血管の通り道を圧迫するため。

(9)めまい、吐き気、寝つきが悪いなど

――自律神経に負担をかけるため失調症となる。

これでは寝たきりに一直線も当然です。

寝たきりの先には、〝お迎え〟が待っています。

さあ！ 思いっきり背を伸ばそう！

43

背筋をのばし、体幹筋トレ、丹田《たんでん》呼吸

❖腰まがりを防ぐ五ポイント

「腰がまがる」と以上のような九つもの不調、症状に襲われやすくなります。
これらは、すべて深刻な心身の老化現象です。
つまり、「腰まがり」は老化を加速するのです。その終着点は、寝たきりです。
「動かない」「腰まがり」「動けない」「寝たきり老人」……という流れです。
これを、最近の医学界では、ロコモ症候群と呼んでいます。
「腰まがり」を防ぎ、改善するには、つぎの方法があります

(1)つねに背筋を伸ばす

――頭のてっぺんが天井に引っ張られているようイメージする。

(2)インナーマッスルを強化する

――体幹トレーニング、丹田呼吸などが有効です。

(3)大腰筋、腹直筋など腰まわりの筋トレを

――欧米では〝神様がくれたコルセット〟と呼んでいます。

(4)背骨反らしのストレッチを行う

――椅子の背もたれを利用して背中を反らす。

(5)調和のとれた食生活を心掛ける

――甘い物、牛乳、肉類は骨粗しょう症を、悪化させます。

❖尻をしめて深く吐く「丹田呼吸」

「丹田呼吸」はアメリカ国防総省（ペンタゴン）が全職員に義務化したことで世界的に注目されています。

「丹田呼吸」とは、次のようなものです。

まず「丹田」と聞いてもピンとくる人は少ないでしょう。それはヘソと肛門を結んだ線のちょうど中間の位置にあります。

「丹田」は、まず身体の重心でもあります。物理的中心点なのですね。さらに生理的中心でもあります。そして、昔から肚（きも）がすわるといいますね。その肚が「丹田」なのです。

つまり、人体の「物理」「生理」「心理」の中心ポイントです。ここに意識を集中して深く、長く息を吐くのが、ヨガや禅のすすめる「丹田呼吸」で、最も理想的な長息法です。

ただし、ふつう「丹田」と聞いてもわかりませんね。

そこでカンタンな「丹田呼吸」の方法をお教えしましょう。それは、「お尻をしめる」ことです。肛門をしめて深く息を吐けば、自然に「丹田呼吸」になっています。

44

ロコモ症候群から寝たきり老人へ

❖寝たきり、要介護に一直線

ときどき、耳にするロコモ症候群とは、いったいなんでしょう?

※ロコモティブ・シンドローム(運動器症候群)：

「運動器の障害により、要介護になるリスクの高い状態になること」(日本整形外科学会二〇〇七年、定義　略称〝ロコモ〟)

そこには、次の基本的考えがあります。

「人間は、運動器に支えられて生きている。運動器の健康には、医学的評価と対策が重要である」

同学会は、さらに警鐘を鳴らす。

――「ロコモ」は「寝たきり」や「要介護」の主要な要因です。

「メタボ」や「認知症」と並び、健康寿命の短縮・寝たきり、要介護の〝三大要因〟となっています。

❖さあ！　チェックしてみよう

「ロコモ」と聞いても、オレは関係ねぇや……と軽くかんがえているかたも多いでしょう。つまりは、体を動かす運動器にガタが来ることです。

日本には、予備軍がそうとういるそうです。

以下のチェックを行ってください。
□かかとをつけて、しゃがめる。
□片足で、しっかり立てる。
□両手をまっすぐにあげられる。
かんたんにできそうですが、最近の調査では、これら基本動作のできない子どもが一〇人中一人ほどいるそうです。

子どものときから、それでは、老後、「ロコモ」に一直線です。

「ロコモ」は、とうぜん、加齢とともにリスクは高まります。

五〇歳を越えると七割の人が予備軍チェックにひっかかるそうです。

(以下七項目、ひとつでも当てはまるとロコモのうたがいあり)

①片足立ちで靴下がはけない。
②階段上り下りに手すりが必要。

③横断歩道を青信号で渡りきれない。
④一五分くらい続けて歩けない。
⑤二キロ程度の買い物を持ち帰りが大変。
⑥掃除機や布団上げ下ろしが困難に。
⑦家の中でつまずいたり、すべったり。

さて——。

ロコモ症候群を防ぐには、どうしたらいいでしょう。

答えは、かんたんです。筋トレをすればいいのです。

最低でもアイソメトリックス、四ポーズ。スクワット五〇回は日課としたいですね。

❖全国でヨガを採用して下さい

全国の老人施設で、ぜひ導入していただきたいのが、ヨガ行法です。

それは、ヨガ体操に加えて、筋トレ、呼吸、瞑想すべての健康法があるといっても過言ではありません。

ヨガ体操とポーズは、みごとなストレッチと柔軟体操です。

それも、さまざまな病気に治療効果が立証されています。さらに、そのストレッチ効果は、日本人に多い「猫背」などの姿勢を美しく矯正してくれます。

さらに、各種ポーズごとに深い呼吸法をマスターできます。

ポーズをとると、インナーマッスルが微妙に振動しているのが観察されます。

それは、静的筋トレと同じ効果をあげます。

つまり、ヨガポーズをとることは、筋トレ運動していることと同じなのです。

また、瞑想で行う「丹田呼吸」は、ペンタゴン（米国防総省）が約三〇〇万人超の兵隊、職員のトレーニングに正式採用しているほどです。

このように、ヨガからこうむる恩恵は、はかりしれません。

日本中の老人施設で、ヨガを採用した光景を想像すると、心がなごみますね。

おねがい

▼「猫背」矯正体操をぜひ実施してください。

▼腰まがりを防ぐ体操を導入してください。

▼「ロコモ」防止の筋トレを指導してください。

▼ヨガ行法を、全国の施設で実施してほしい。

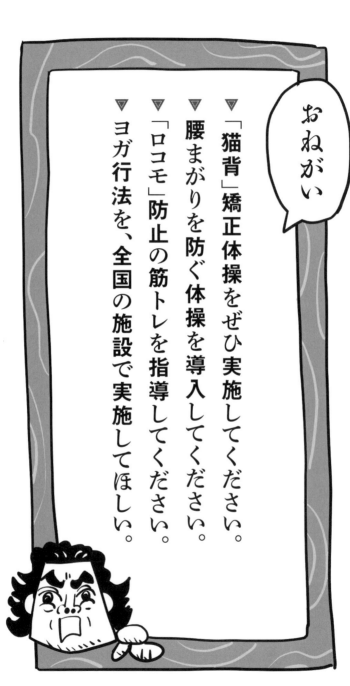

第11章

運動不足は、早死に！

布団敷き、掃除、軽い作業をサッサとやらせる

45

運動させないと早く老け、早く死ぬ

❖運動不足で老化が進む

「運動不足は、緩慢な自殺である」

これも、沖正弘導師の教訓です。人間も動物の一種です。「動物」とは「動く物」と書きますね。だから、「動かない」ことは、「動物」の本性に反するのです。

本性に反するとは、弱ったり、病気になったり、最悪死んでしまう……ということです。

最近、医療の分野でも「運動療法」が見直されています。なぜか?

「**生活習慣病に、運動療法が効果がある**」

これって、ふつうの生活習慣で、運動不足で病気になったから……ともいえます。

運動しないで病気になった。なら、運動すれば治る。じつにシンプルです。

しかし、大きな盲点かもしれませんね。これは老人介護でも、同じことがいえるでしょう。

まず、老人は、運動しないと、みるみる心身機能が衰えていきます。

心の面からは認知症が進行します。

体の面からは体力低下が進みます。

つまり、老化が加速的に進んでいくのです。

だから、高齢者に運動させることは、まちがいなく老化防止になります。

46

運動、筋トレで、認知症は防げる、治る

❖運動で脳細胞が増える

老人ホームを訪ねて思うのは、お年寄りが、ただジッとしていることです。

本を読むでなし。

おしゃべりをするでなし。

ただ、ジッとしている。

はたから見ていても退屈そうです。

ただ、ぼんやりして時間がすぎていきます。

まず、大きな問題は、これでは運動不足になることは、まちがいありません。

そして、精神面からは認知機能が低下していくことも、また、まちがいない。

認知症は、老人介護の三大問題のひとつです。

その認知症は、運動で見事に防ぐことができるのです。

最新の研究です。

「……運動をさせると実験動物の脳血流が増える。それにより脳神経が新生、増殖し、記憶力が向上する」(デュッツェル博士　英医学雑誌『Brain』2016/3)

運動は脳を活性化し、脳細胞を増やし、記憶力を向上させる。

つまり、運動するほど「頭がよくなる」のです。

近年の数多くの脳研究は、その事実を証明しています。

高齢者でも、運動は脳を活性化させるのでしょうか?

「高齢ラットは神経細胞が減りはじめているが、運動をさせると、脳神経の減少が増加に転じる。記憶力も改善する」(前出実験)

❖筋力アップで知力アップ! ボケ防止

昔から「文武両道」といいます。

ガリ勉だけでは知力は伸びない。

身体を鍛えて体力をつけることで知力も伸びるのです。

だから筋力と能力は比例するといえます。

運動して筋力を鍛えたラットの脳神経が新生するという実験結果は、古来からの文武両道の理論を証明します。

❖これで〝ちぢまない!〟振動マシン

だから老人の筋トレは、ボケ防止の面からも絶対に必要です。

もうひとつ。背がちぢまない筋トレならぬ〝骨トレ〟を紹介しましょう。

久し振りに会った高齢者が、ひとまわりも、ふたまわりも小さくなっていて、びっくりした……。

そんな経験は、だれにもありますよね。そして、年をとると、今度はあなたの番です。

そんな、背丈がちぢんだ老後はいやでしょう?

そんなかたにオススメが〝振動療法〟です。

といっても、ただ下からズンズン繰り返す振動マシンに腰かけるだけ。

機械の名前は〝タップ・マスター〟。

使い方は、いたってかんたん。クッションみたいな装置に座るだけ。すると、下からリズミカルにズンズン上下動の刺激が、なんとも心地よい。

はやくいえば、背筋をのばして乗馬している感じです。

背骨の脊椎と軟骨が刺激され、骨密度が増して〝背ちぢみ〟を防ぐことができます。

「二センチ、背が伸びた!」人もいるそうです。このラクチン・マシンは全国の老人施設に普及すべきと確信しました。


（問い合わせ先：（有）ヤマナカ、電話090／3178／5356）

47

一日七〇〇個の神経細胞が産まれている

❖高齢でも神経細胞は増やせる

「……ヒトでも、運動をすることが、脳の血流をうながし、脳の容積を増し、その働きにとても良いことなどが一五〇以上の論文を引用して、解説されています」（浜六郎『「薬のやめ方」事典』三五館）

浜医師は、つぎの事実に着目しています。

高齢になっても、脳細胞は、毎日新しく生まれている……。

旧来の医学では、神経細胞は再生しない、と教えていました。

しかし、それは根本的にまちがっていたのです。

神経細胞新生の神秘は、放射線同位元素を解析することで、その神経細胞がいつ、どれだけの数が生まれたかを正確に測定できます。

この新たな技術で、旧来の医学の過ちが、またひとつ正されたわけです。

「……脳の中で、認知能力にもっとも関連が深いのは『海馬』と呼ばれる部分で、脳の両脇にあります。ここでは、高齢者でも、三千数百万個の神経細胞のうち約三分の一（千数百万個）は、徐々に置き換わることができるそうです。一日当たりでは七〇〇個もの神経細胞が新たに産まれている」（浜医師）

しかし、他方で、高齢者は、ふだんは壊れて失われる神経細胞のほうが、新たに生まれる神経細胞よりも多い。

だから、全体として脳神経細胞は、少しずつ減っているのです。

「……新たに生まれる神経細胞をできるだけ増やし、神経細胞が壊れてなくなっていくのを、いかにして食い止めるかが、認知症の予防と治療の基本となるはずです」（同医師）

脳はいったいなんのためにあるのでしょう。

細胞を新生させ「体」と「心」を動かすためです。

だから、ぎゃくに「体」と「心」を動かすと、今度は「脳」が刺激され、活性化し、脳細胞が新生してくるのです。

ここでも「用不用」の生理原則が生きています。

具体的には、ドウ・イット・ユアセルフです。

ひとまかせの人生は、「体」と「心」の機能をうばいます。

なんでも自分でやってみる。下手くそでもかまいません。

下手ほど、あれこれ工夫します。それが、脳を活性化、新生化させるのです。

48

認知症も、クスリより運動療法だ!

ります。

❖運動療法で起こった脳の奇跡

認知症（ボケ）は、認識、記憶、判断に必要な脳の神経細胞が少なくなったことで起こります。

つかえば発達する。つかわなければ衰退する。

それは、筋肉も脳細胞も同じです。

「……日ごろから、思考し、記憶し、判断していれば、それらに必要な神経の衰えを少しでも遅らせることができます」（浜医師）

しかし、思考だけでなく、運動も脳を活性化することが数多くの実験で立証されたのです。運動は、脳血流を増やし、脳神経をつくるために必要な刺激物質（ＢＤＮＦ）を増やし、さらにシナプスも新生していきます。

このシナプスとは、ひとつの神経から他の神経につながる「つなぎ目」です。

こうして神経の樹状突起が増え、神経細胞ネットワークが高度に複雑化していくのです。

運動による効果は――運動のあと安静にしているときでも、血流は増えることも判明しています。これは、運動によって脳に新しい血管が生まれたから、です。

こうして、運動による脳活性化の効果は、海馬だけでなく、大脳皮質、大脳辺縁系、小脳にまでおよぶのです。

このように運動は、認知症の予防、改善に大きな効果があります。

浜医師は、認知症の三大原因として「動かない」「糖質（甘い物など）」「喫煙習慣」をあげています。

「……運動療法の長所は、害が少ないということです。その点が、薬剤を用いる場合と、根本的に異なる点でしょう」（浜医師）

認知症と同様に、「運動療法」はうつ病にも効果があります。

「……うつ病治療には、投薬（ＳＳＲＩ）より、運動のほうが効果があることが証明された」（米デューク大学）

しかし、このように指導を行う精神科医は皆無でしょう。

ただ、ひたすら危険な向精神薬を投薬する。それには、「自殺企図」「攻撃衝動」などの副作用が警告されています。しかし、金儲け優先の精神科クリニックは知らぬ顔です。

監査官庁の厚労省も、見て見ぬふりです。

だから、病院に行ってはいけない、クスリを飲んではいけないのです。

49

運動でガンの三分の二は防げる

❖運動すると発ガン三分の一に

「運動療法」は、精神疾患だけでなく、ガンにも劇的な効果があります。

運動によるガン防止効果は、やはり数多くの論文が証明しています。

たとえば、ラットの実験で、回転輪を走る「運動組」と比較すると、じっとしている「非運動組」の大腸ガン発症率は二・七倍、小腸ガンは、さらに多い三・三倍です。

ガン全体を平均しても、「運動組」の発ガン率は、「非運動組」の三分の一でした。

これは、逆にいえば、運動不足は、三倍もの非常に大きな発ガン要因となることを警告しています。（米健康財団、レディ博士の実験）

運動組が、発ガンを三分の一に減らしたのは、筋肉から分泌された生理活性ホルモン、マイオカインの作用とみられます。

❖歩行でガン二割減、一三種ガン・リスクを減らした！

最新ニュースです。一四四万人も対象にした大規模研究を行ったのは米国立ガン研究所（NCI）など、合同研究チーム。一一年間にもわたる追跡調査の結果、以下が確認されました。「……ウォーキングなどの活発な運動を週に五日以上行っている人は、ほとんど運動しないひとにくらべて、ガン発症リスクは、二〇％低下する」

ガンごとに、どれだけ減らせるか？
食道腺ガン四二％、肝臓ガン二七％、肺ガン二六％、腎臓ガン二三％……など。

❖動脈硬化、高血圧、糖尿病にもつぎの効能が

さらに、つぎの効果が確認されています。

⑴善玉コレステロールを増加させる

――善玉コレステロール（ＨＤＬ）は、動脈硬化を予防する働きがあります。つまり、その結果生じる心筋梗塞、脳梗塞などの死亡リスクも減らすのです。

⑵血圧、血糖値を正常にする

――「運動療法」を行うと高血圧や血糖値が正常値に近づきます。副作用で危険な降圧剤や血糖降下剤を常用するよりも、はるかに安心で、効果的です。

⑶代謝が促進され肥満を防ぐ

――運動は余分な脂肪を燃焼させ、肥満になりにくくなります。

⑷インスリンの働きを良くする

――血糖を抑制するホルモン、インスリンの働きが正常化し、血糖値が抑制されます。すると、糖尿病予防のほか、低血糖症によるイライラなども抑制され精神的にも安定します。

ウォーキングで健康になる。

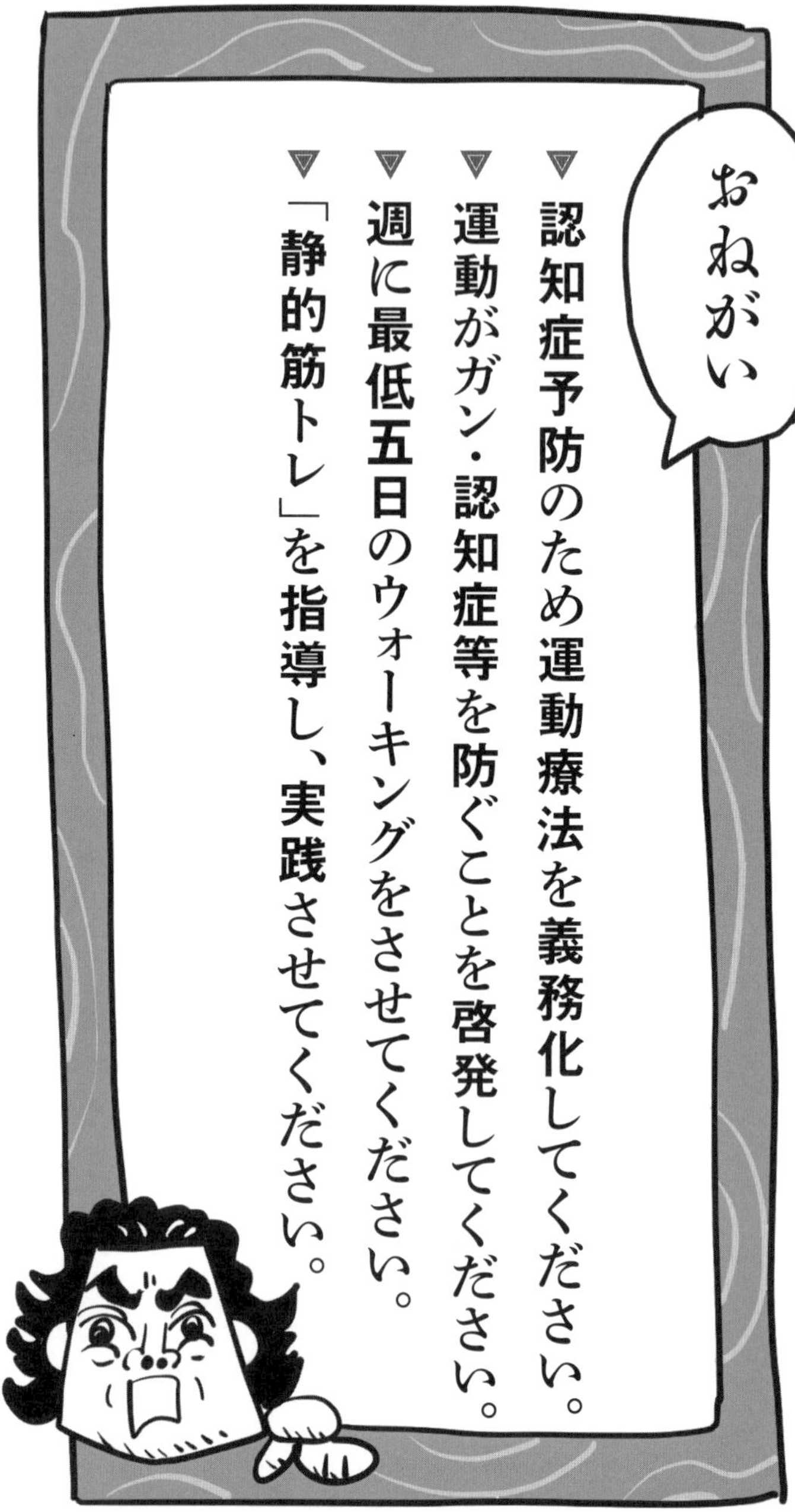

おねがい
▽認知症予防のため運動療法を義務化してください。
▽運動がガン・認知症等を防ぐことを啓発してください。
▽週に最低五日のウォーキングをさせてください。
▽「静的筋トレ」を指導し、実践させてください。

第12章

もっと笑いを!

人生を楽しむ欧米、人生を諦めた日本の差

50

ひっそりと、笑い声も聞こえない施設

❖笑い声がはじける空間に

「北欧の老人施設は、とにかく入居者が明るい。笑顔で迎えてくれる。日本は、暗すぎますね……」

わたしの友人Y君(前出)の言葉が、気になりました。彼は保険会社の部長で北欧に視察に行き、老人施設の日本との差にショックを受けたのです。

わたしも老人ホームを訪ねて、静かなことに驚きます。笑い声も聞こえてこない。はやくいえば、雰囲気が暗いのです。まあ、欧米と日本では、国民性のちがいもたしかにあります。欧米人は、自己主張が強くて、生き方も前向きです。

日本人は、自己主張が弱くて、生き方もひかえ目です。だから、おとなしい。

でも、あなたは、人生の最後を、施設でひっそりと生きたいと思うでしょうか？

施設で管理する側からすれば、おとなしくて、静かな入居者のほうが、ありがたい。大きな声を出したり、笑ったりすると、注意される雰囲気が、日本の施設にはあります。

だけど、大きな声で、腹の底から笑う。それが、本当に楽しい人生ではないか。

そう思います。だけど、日本の施設は、笑い声がはじける雰囲気はありません。

51

「笑い」は驚異的な効能を示す医療である

❖ガンと闘うNK細胞六倍増

「笑い」をもっと老人施設に取り入れるべきです。

わたしは、『笑いの免疫学』（花伝社）をまとめて、それを痛感しました。

「笑い」は、たんなる娯楽ではありません。

それは、驚異的な効果をあげる「医療」でもあります。

そのわかりやすい例をあげます。

腹の底から笑うと、ガンと闘う免疫細胞であるNK細胞が六倍も増えるのです。

これは、一九人のガン患者を大阪のグランド花月に連れて行き、三時間喜劇を観せて大笑いさせた実験報告です。

喜劇を観る前と後で、患者の血液中のNK細胞を比較すると、ほとんどの人が急増していました。

そして、最大で六倍もNK細胞が増えていたのです。

はやくいえば、「**笑えば、ガンは消えていく**」のです。

実験を行った伊丹仁朗医師は、この結果を受けて「ガン患者の治療に『笑い療法』を取り入れるべき」と提案しています。

それにたいして、今のガン治療は、地獄というより、たんなる詐欺と殺人の犯罪にすぎません。

❖笑いは万病を癒し治す

「笑い」は「娯楽」であると同時に「医療」です。

だから、老人介護の現場にも、積極的に取り入れられるべきだと思います。

その効能は、まさに「万病に効く」といっても過言ではありません。

■ストレス緩和：心拍数、ストレス物質が急減

これは、もう「笑い」があれば、とうぜんですね。

初対面の三人の被験者が、笑って打ち解けただけで、脈拍（一分間）はAさん（九八）が（七〇）に、Bさん（九九）が（六七）に、Cさん（九一）が（六七）と急速に下がって正常値になっています。

その後も、声を出して笑うたびに、心拍数は急激に低下しています。「笑い」のストレス緩和効果が見事に証明されたのです。

ストレスを受けると、コルチゾールというホルモンが分泌されます。

これは、別名〝ストレス・ホルモン〟。人体にも有害です。

ストレスを受けた二つのグループを「笑った組」「笑わない組」と二つに別けて、このストレス・ホルモン分泌量を比較すると、「笑った」ほうは、このストレス物質が三割も減っていたのです。

■酸素取り込み増大

笑うと、酸素の取り込み量が増大します。

通常の呼吸による酸素取り込み量(一九・九mℓ)にくらべて、五秒間、大笑いすると、その量は六八・三mℓと、約三・四倍も急増するのです。

それは深呼吸一回よりも、二倍近い酸素量です。

深呼吸するより、笑ったほうがよい。

つまり、「笑い」はもっとも理想的な呼吸法なのです。

■脳内血流量:脳血流が増大し、記憶力も二割アップ

「運動療法」でも、脳血流が増大することが証明されています。

しかし、「笑い療法」も、負けてはいません。

被験者たちに、落語を聞かせて笑わせた後、脳血流を測定してみました。

すると、六四%で「増大」していたのです。

逆に「減少」は二三％。三倍近い人の脳血流が増えたのです。「その他（変化なし）」一四％。

「笑い」と「記憶力」の実験もあります。

被験者たちを一〇分間笑わせると、記憶力テストの正解率が平均で六七％から八五％に二割もアップしたのです。

これも、「笑い」で脳血流が増加したためでしょう。

テストの前には、リラックスして笑うにかぎりますね。

■脳波も安息と活性化：落語の「笑い」で三倍増

精神が安息したとき、脳からアルファ波が出ます。

そして、活性したときにはベータ波が出るのです。落語を聞かせて脳波を測定すると、アルファ、ベータ両方とも増加したのは二九％、両波とも減少したのは一二％です。

つまり、約三倍が落語の「笑い」で脳の「安息」「活性」を示したのです。

さらに詳細な測定をすると、「笑い」は脳血流を増大させ、とくに前頭葉を活性化させることが立証されています。

■リウマチ治療：高価なクスリより「笑い」が効いた！

難病のリウマチにも、「笑い」が劇的な効果があることが証明されています。

インターロイキン-6という物質は、炎症促進作用があります。

リウマチ患者は、この物質が過剰に分泌され、そのためリウマチ症状に苦しむのです。

だから、リウマチ治療薬は、この成分を減少させるため投薬されます。

ところが、落語で患者さんたちを大笑いさせると、この炎症物質が急減したのです。

それは、もっとも高価なリウマチ治療薬よりも、はるかに効果を上げていたのです。

この実験を行った吉野槙一教授（日本医科大学）は「笑いには〝名医〟のような働きがある」と驚嘆しています。

■糖尿病：漫才で爆笑すると血糖上昇が四割抑えられる

学生を二つのグループに別けて、Aは漫才で爆笑させ（解放ストレス）、Bはつまらない大学講義を受け（退屈ストレス）、食後の両者の血糖値を測定した面白い実験があります。

その結果、爆笑したAグループの食後の血糖値上昇は、Bより四割近くも抑えられたのです。

血糖値上昇の原因は、糖分摂取だけでなく、ストレスもおおいに関係しています。

この実験結果で、「笑い」が糖尿病防止に、大きな効果があることが証明されたのです。

——以上。このように「笑い」には、驚嘆の医療効果があります。

日本の介護施設では、昼休みなどに落語や漫才・喜劇ＤＶＤを観せるなど、「笑い」療法を積極的に取り入れるべきです。

欧米では、「笑い」の治療効果を認め、病院専門のお笑い芸人〝クリニック・クラウン〟に公的資格を与えています。

笑いは万病に効く!

おねがい

- ▼「笑い」の効能を学習し、啓発してください。
- ▼病院で「笑い外来」を開設してください。
- ▼お笑い芸人、落語家など招いてください。
- ▼施設内で落語・漫才・喜劇ＤＶＤなど流してください。

第13章

介護現場はまさに地獄！

「マジでやばすぎ」、日本の介護

52

そこはホーム（家庭）か？収容所か？

❖外出もスタッフの監視付きとは

――以下は、ネットで話題となっている介護士たちの〝声〟です。

「老人ホームと強制収容所にちがいはあるか?」議論が沸騰しています。

「……入居者さんの場合は、家族と仲が悪いとか、財産目当てだったりします。不本意ながら入ってくる入居者さんにとっては、たとえ三食・昼寝付きであっても、この住環境自体がストレスです」

これは、某老人ホームに勤務するAさんからの投稿です。

この老人ホームに入居した人たちは、はたして幸せなのでしょうか?

「……もともとの居住地域内ならば、お友達が訪ねてくるとか、習い事に出かけるとかできそうなものですが、まったく知らない土地に来ると、さらにストレス増加です」

まさに、これは突然、島流しにあったような気分でしょう。

この孤独感、疎外感は、はかりしれない。

「……ストレス発散のために近所を散歩したり、買い物に行ったりできたらいいんですけど、必ず施設のスタッフが同行しないといけません。それも、スタッフの手があいて、時間的にも余裕があるときじゃないと、外には出られません。それで、他にやることもないから、入居者さん同士、話をしていても、三六五日、朝昼晩ずっと顔を付き合わせているので、そう話題もなく、他人のあら探しに躍起になっています」

いやはや……。

外出も、スタッフの〝監視〟付きとは、まいりました。

読んでいるだけで、ユーウツになってきました。

入居者さんが、気の毒です。

わたしなら、耐えきれない日常です。

Aさんの施設リポートは続きます。

「……ひどいときは（って、毎日ですけど）認知症のひとの顔の前で、相手をののしりますからねぇ……。自由の無い閉鎖空間ってのは、本当に人をひどく変えていきますね」

（Ｙａｈｏｏ！ブログ「ねこ顔ニャンニャン」）

お年寄りが、ストレスで他の入居者に八つ当たりするのですね。

すると、やられた側が、傷つきます。

こうして、施設内のストレスは連鎖し、空気も暗くなります。笑い声どころではないですね……。

53

マジで、やばすぎ! 日本の介護

❖介護士たちの叫び

さらに、過酷な声もある。タイトルは、ズバリ「内部告発」……。

介護職員たちの生の叫びです。それは、絶望の呻きにも聞こえます。

介護を語るなら、まず、かれらの声にも、耳を傾けるべきです。そこで、綴られる介護の実態は、はっきりいってヤバイ。ヤバすぎる。介護労働の実態が、赤裸々に書かれている。福祉は、きれいごとでない。それが、胸につき刺さってきます。行政の責任者も、介護を受ける人も、現実を直視するべきです。(以下、ｍａｔｏｍｅ．ｎａｖｅｒ．ｊｐ要約)

——まず、介護職員は、過酷な労働なのに、待遇は極めて劣悪です。

＊労働環境が悪いのに、手取りで一五〜一八万円くらい。夜勤手当てを入れてこれ。昇給がないから、一生このまま……。

＊退職金もない。腰痛で仕事できなくなったら、人生、詰む……。介護業界からの、他業界への転職も難しい。

＊土日祝日関係ない。大晦日、正月はもちろん仕事、仕事で年越しすることもふつう。パー

ト職員の給料はフルタイムで一四万円くらい。パートなのにサービス残業がふつう。
＊あまりにも賃金が安いために、国が一万（円）ほどの、処遇改善費を出してるが、末端に行き渡らず経営者が横領しているところも多数。
＊仕事に必要な資格に三か月または半年の講習が、ほぼ必須。仕事する前からハードルが高い割にリターンがない。昇給、昇進がほぼない。昇進できたとしても主任まで。サービス残業が多く、労働単価が下がることのほうが多い。
＊夜勤が月に四〜八回ある。日勤でも時間がバラバラで体を壊しやすい。夜勤中の入居者の突然死など、その対応の責任を負うことになる。年に何人も死んでいき、それに関わらなければならない。
＊パートなのに、試用期間がある施設が非常に多い。夜勤が残業なしで、一七時間あるところも。

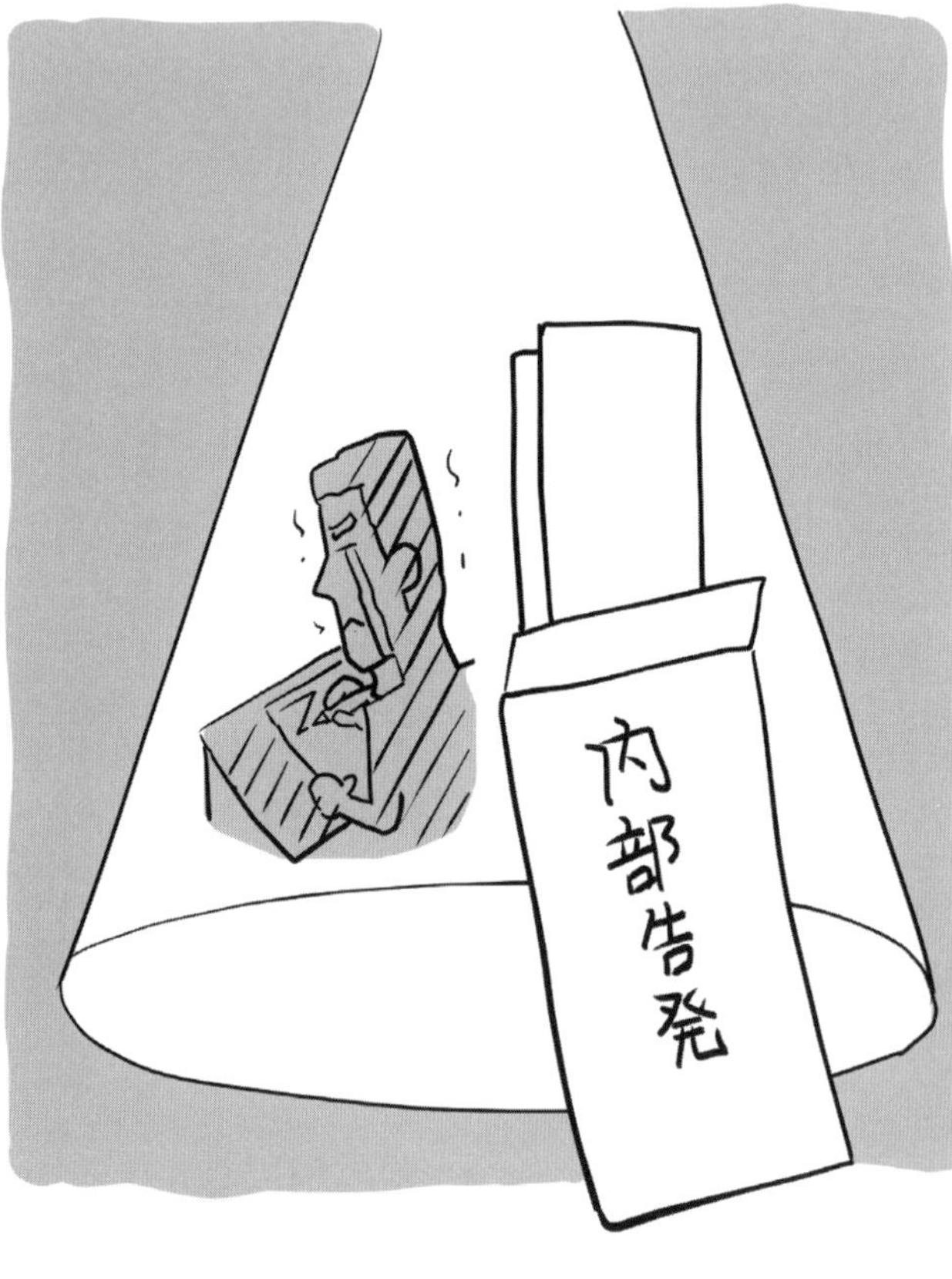

介護士たちのストレスがやばすぎる。

54

オムツ、弄便、放尿、暴力……

❖悪夢のような介護の現場

――想像を絶する現場、介護士たちの苦闘……。

＊認知症じゃない人でも、生活保護、無年金の性格悪いジジババの割合が異常に高い。暴力行為にも、黙って耐えないといけない。

＊看護職しかできない医療行為などの違法なことも、ふつうにさせられる。

＊ベッドから車椅子へ運ぶときなど、重労働。腰を痛めてやめる人があとを絶たない。労災にもならず泣き寝入り。

＊（オムツ）交換はもちろん、トイレに行けない人は尻の穴も拭かないといけない。常人とちがって下痢便みたいなのばかりでオムツがやばい。

＊〝弄便〟といわれる行為がある。ウンコを部屋中に塗りたくる入居者も珍しくない。その処理は、もちろん職員がする。予想外の行動なのでサービス残業もいやがる。

＊〝放尿〟といわれる行為があり、二、三時間おきに放尿する。高齢者のトイレ回数は人より多い。

＊暴力を振るう入居者がふつうにいる。足は弱っても手の力が残ってる人は多く、怪我をすることもある。労災はおりない。暴力を振るう入居者には、なにもできない。なにかあっ

ても、損害賠償もない。暴力を振るう入居者でも拘束することができない。とくに暴れたときは、段階を追って可能だが、日常的な暴力には、対応できない。
＊入居者の中には、暴力団員ももちろんいる。(かれらに) ふつうに殴られる職員もいる。

❖介護士さんたちの待遇改善が急務

——これでは、介護の現場は〝地獄〟そのものです。

そして、介護士さんたちの待遇の悪さには絶句します。つまり、日本の介護は、まさに弱者が、さらなる弱者をケアさせられているのです。

最近、マスコミで介護士による入居老人への暴言、虐待、暴力などが告発され、社会問題になりました。しかし、過酷な労働、待遇に追い詰められている職員の苦悩、ストレスなどに目を向けないかぎり、介護現場の〝地獄〟は連鎖していくでしょう。

まずは、福祉に誇りと希望をもつ介護士さんを募集、養成することです。

そのためには、給与を含めた大幅な待遇改善が急務だと思います。

55

みんな、つぎつぎに、やめていく

❖一生、初任給のままとは!
——八〇%が三年以内にやめる。

*夜勤中に人が死ぬこともある。すると死体に綿詰めすることも。

*〝独語〟と呼ばれる行為がある。独り言のようなものだが、ふつうのものとちがい、全力で一日中叫び続ける入居者も。〝独語〟が一日中続き、ノイローゼになる職員もいる。

*認知症の代表的な症状で、被害妄想がある。物を取られたと言い触らされ、一方的に罵倒されることも珍しくない。被害妄想が発動すると、すべての介助行為が拒否され、仕事が進まず、サービス残業にもつながる。

*三年以上続く介護士は二〇%にも満たない。八〇%が三年以内にやめる。マジでやばい。

*一生介護。腰を壊したら終わり。やばい。でも、新卒は、初任給しか見ないからふつうに入ってくる、やばい。一生、初任給のまま。

*いちばん、やばいのは離職率。半年やってたら後輩がいるのがふつう。一年やってたら、先輩の数が減ってる。二年やったら中堅。三年やったら、ほぼ幹部……。新人の影響力がやばい。離職率が高いから、教える立場になるとやばい。どんだけていねいに、やさしく教えてもドンドンやめていく。暴力行為のある入居者がいると倍率ドン!

おねがい

▼介護職員給与を、最低一・五倍にすべきです。
▼過酷な勤務形態を速やかに改善してください。
▼苦闘する介護職員たちの心のケアが必要です。
▼腰痛、暴力被害への労災適用など待遇改善を。

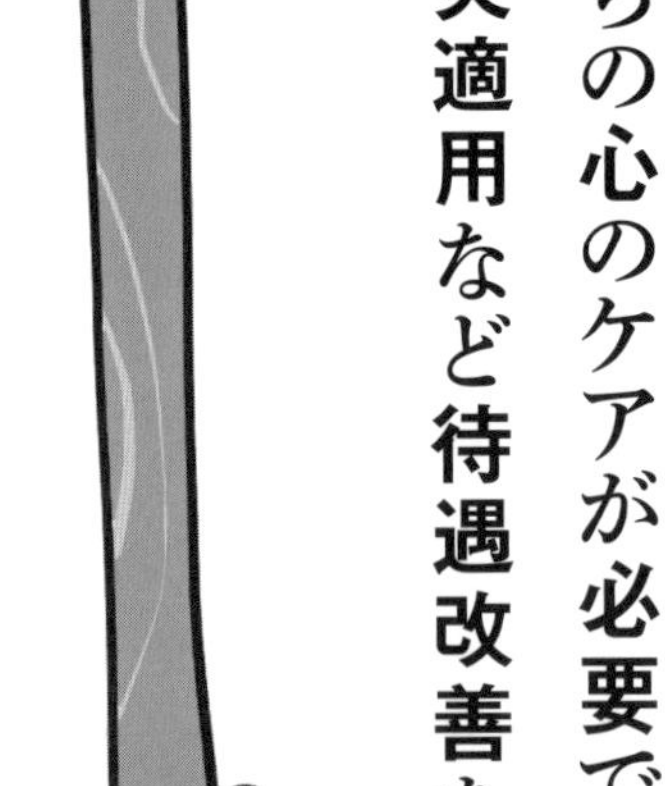

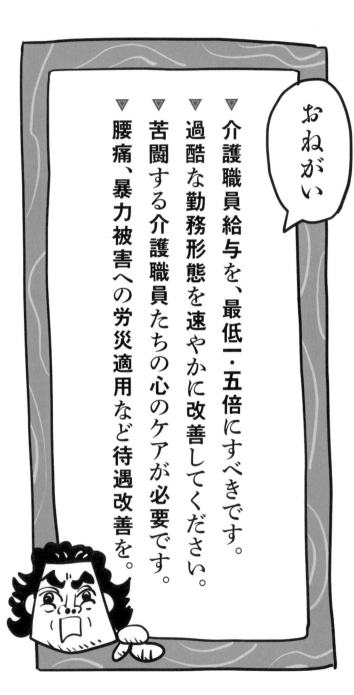

第14章

隠れた死因は〝薬死〟だ！

①少食、②菜食、③長息、④筋トレ、⑤笑い、自然療法で治せ！

56

薬害を多発させる〝ワースト7〟

❖効き目が強いと薬害も強い

ズバリ『薬は〝毒〟だ』（農文協）というタイトルの本があります。

著者は、田村豊幸氏（医学博士）。

「……強力な新薬を、老・若・男・女・体質・体調の違いもかんがえずに使うとすれば、副作用のおこらないのが、むしろ不思議である」

田村博士は、「クスリの効き目（主作用）が強いほど、薬害（副作用）も強い」と警告する。しかし、悪魔のような医療マフィアが支配する製薬会社は、〝効き目〟は高らかにうたうのに、〝薬害〟（副作用）は、知らぬふりである。

博士は、薬害が多発する〝ワースト7〟を列挙する。
(1)**抗生物質**：クスリ乱用の道を開いた。安全との結論はない。目に見えない副作用の恐怖。ガン誘発に一役かっている。耐性菌も増加させる。
(2)**鎮痛剤**：痛みを止めて体はガタガタに。薬疹から中毒死まで起こす。全身に障害を起こす対症療法にすぎない。血液障害で胎児に奇形を起こす。
(3)**降圧剤**：副作用のデパート。血圧さげて、うつ、ノイローゼ、脳軟化症など。老人が体調不良を訴えたら、まず降圧剤の副作用である。

(4)**副腎皮質ホルモン**：生命力を奪う。突然、胃かいようなど副作用が起こる。副腎が萎縮する。

(5)**サルファ剤**：副作用だけが残る。乱用で血液障害と腎臓障害を起こす。

(6)**精神安定剤**：逆に心が乱れて、交通事故、自殺、暴行のひきがねに。さらに胎児に奇形を起こす。

(7)**麻酔剤**：全身より局所が怖い。麻酔ショックに要注意。

❖〝薬毒〟を加えれば〝薬死〟もとうぜん

——まだまだ、あげているとキリがない。

クスリは、田村博士がいうように〝毒〟である。そして、病気は〝体毒〟で生じる。代謝能力を超えた過食で、排泄しきれない老廃物が体内に留まる。それが、〝体毒〟となって病気を引き起こす。ところが、薬物療法は、さらに、これに〝薬毒〟を加えるのだ。〝体毒〟＋〝薬毒〟で病気はさらに悪化することは、赤ん坊でもわかる。しかし、エライ（？）御医者サマたちは、こんな、かんたんなことも分からない。とりわけ、代謝機能が衰えた老人に、さらに〝薬毒〟を大量に注げば、その副作用で〝薬死〟するのは、とうぜんである。

57

クスリは病気を治せず、悪くする

❖クスリは病気を治せない

——クスリは病気を治せず、悪くする。

こういったら、あなたは耳をうたがうでしょう。

「クスリは病気を治せない」。この真実を、頭に入れてください。

では、病気を治すのは、何でしょう？　それは、自然治癒力です。

人間の体は、病気などで変調をきたすこともあります。しかし、自然治癒力がゆっくり正常にもどしてくれます。

そのとき、現れるのがさまざまな「症状」です。

「症状」と「病気」は異なります。たとえば、「風邪」という「病気」にかかると「発熱」「咳」「鼻水」「下痢」などの「症状」が出ます。

なぜでしょう？

「発熱」は、体温を上げて、風邪の原因であるウィルスなど病原体を殺し、弱らせるためです。さらに、体温を上げて病原体と闘う免疫力を上げるためです。

さらに「咳」「鼻水」「下痢」は、病原体が出した毒素を、速やかに体外に排泄するためです。だから、これら「症状」は「病気」が治るための〝治癒反応〟なのです。

ところが、薬物療法は、これら症状を一つ一つ、妨げます。

「発熱」に対しては、〝解熱剤〟、「咳」には〝鎮咳剤〟、「鼻水」には〝鼻水止め〟、「下痢」には〝下痢止め〟……。これが、クスリによる対症療法です。

それ、自然治癒力による治癒反応(症状)を逆向きに止めてしまうのです。

だから、別名、〝逆症〟療法ともいいます。

つまり、クスリは、病気を治すどころか、治癒反応を阻害し、病気を固定し、慢性化し、さらに悪化させていく……。

これが、クスリの正体です。

あなたは、アゼンとして声もないはずです。

58

指導書は、老人クスリ漬けマニュアル

❖クスリをご飯に混ぜて与える⁉

だから、心身の不調のいちばんの原因は、じつは、服用しているクスリによる副作用といってよいのです。つまり、病気の最大原因はクスリなのです。

なんという皮肉でしょう。

だから、介護の現場で、まっさきに行うべきは、被介護者のクスリからの離脱です。

これが、薬物デトックスです。

しかし、じっさい、日本の介護現場で、このデトックスを行っている施設が、どれだけあるでしょう?

おそらく、皆無でしょう。

それどころか、老人や身障者に、クスリを飲ませるために、日夜苦労をしているのです。

たとえば『介護スタッフのための安心!薬の知識』(秀和システム)というハンドブックがあります。

それは「高齢者に多い疾患や症状と、その治療に使われるクスリについて解説」した本です。

そこには「介護と医療をつなぐうえで、最低限、知っておきたいクスリの知識」を身につけるための本とあります。

しかし、そこに書かれているのは「クスリを飲み忘れたら？」「クスリをご飯に混ぜてもいい？」など、いかに年寄りにクスリを飲ませるか？の「方法」がびっしり書かれているだけです。

つまりは、老人クスリ漬けマニュアルなのです。

これら、介護指導書を書いた専門家も、「クスリは病気を治せない」という真実に、まったく気づいていない。

そして、これら指導書で勉強する介護士たちも、そのクスリ漬けこそ、正しい老人介護だと信じて、それを実行するのです。

まさに悲喜劇というしかありません。

これもまた、無知の悲劇です。

59

老人は〝毒〟のクスリで殺されている

❖肝臓、腎臓、血液が老化している

「老人は、クスリから遠ざかれ！」

田村博士は、声を大にして、断言しています。

その理由は「**老人の隠れた死因は〝薬死〟**」だから。

つまり、老人の死亡原因の多くが〝薬死〟つまり薬害……という、おどろくべき指摘です。クスリを飲んでいる老人は、それが病気を治してくれる、と信じています。

しかし、じっさいは、そのクスリで命を縮めている。殺されている……。

田村博士が、老人はクスリから遠ざかれ！飲むな！と声を大にしている理由は、老人ほど、クスリの副作用……つまり、薬毒が激しいからです。

「老人にクスリの副作用が多いのは、体の各器官が老化しているからである」

具体的には「……老人の肝臓、腎臓、骨髄（赤血球数）の変化をみると、肝重量、腎重量ともに加齢につれ急激に低下する。肝臓はクスリを分解し、腎臓は、それを排泄するところだから、老人にはクスリの影響が大きいことが理解できる。また、慢性の便秘の人に肝機能の低下が著しいことに注目したい」（同博士）

❖クスリ屋は天国、老人は地獄……

日本では、このように老人ほど、大量のクスリ漬けにされている。

なぜなら老人に病気が多いから……という。

そうして、クスリ漬けで、さらに病気を増やしているのです。これをマッチポンプ商法という。

「……あるひとつの病気を治療している間に、その薬の副作用で別の病気がおこってくる……クスリによって、連鎖反応的に新しい病気が発生する」(同博士)

つまり、副作用が増えるほどクスリの売り上げは天文学的に増える。

製薬会社は笑いがとまらない。患者は、涙がとまらない。

クスリ屋は天国、老人は地獄……。

だけど、だれも、こんな仕掛け罠にも気づかない。

60

人類の半分は病院で殺されている

❖「クスリのやめ方」を知る

あなたは、長生きしたいはずです。

なら、いま、飲んでいる（飲まされている）クスリを止めることです。

それが、長生きの第一歩です。

介護士のかたにも、発想を一八〇度改めてもらいたい。

老人介護の原点は、クスリを飲ませることではなく、クスリを止めさせることなのです。

その意味で、浜六郎医師が書いた『「薬のやめ方」事典』（三五館）は、じつに役に立ちます。

浜医師（内科医）は、薬害研究の第一人者で、NPO医療ビジランスセンターの代表も務めています。

同書は「睡眠剤に頼らない眠りと休養」「コレステロールは気にしない」「高血圧はここまで大丈夫」「糖尿病に有効薬はただ一つしかない」「認知症には運動が効果的」「健康診断が病気を作る」など、役立つ情報が満載です。

日本の予防医学の権威、岡田正彦博士（新潟大学名誉教授）も「いかなる健診も受けてはいけない！」と断言しています。その理由は「検査を受けても長生きしない。逆に寿命を縮める」からです。つまり「検診の正体は、〝病人狩り〟」です。

なのに、こりもせず厚労省は「メタボ健診率が低いと『罰金』を課す」と健保組合を脅しています。

厚労省の正体は、国際医療マフィアの走狗です。

「メタボ健診」も病人狩りの仕掛け罠。厚労省の悪魔性が、ロコツにわかります。

あなたは、ここでも目をうたがうはずです。

自分がいかにマスコミ等に〝洗脳〟されてきたか!それに、まず目覚めるべきです。

マスコミも医学界も、巨大製薬メーカーというスポンサーに飼われているのです。

テレビや新聞が、正しい情報を流している……と、もしもあなたが信じているなら、それはオメデタイかぎりです。

クスリを止めれば、長生きできる。

61

穏やかな性格を狂わせた抗認知症薬

❖認知症テストも病人狩り

たとえば、認知症——。

まず「認知症テスト」なるものが、いいかげんです。

この健診も〝病人狩り〟の一種です。

「医者の認知症診断を疑え！」と警鐘を鳴らすのは『日刊ゲンダイ』(2017／1／24)。

「……近年、認知症の誤診が増えている。認知症の症状がよく知られるようになり、専門医以外の医師が『この年齢で、この症状なら認知症』と安易に診断するからだ」(同)

また、高齢者は、風邪など一時的な体調不振でも、認知症にそっくりな記憶障害などが出ることもある。

さらに、高齢者には、モノ忘れや記憶ちがいなど、あるのがあたりまえ。それを医者は十把一絡《じっぱひとから》げで認知症にしてしまう。

つぎに恐ろしいクスリ漬け地獄へとひきずりこまれる。そして、強制的に「アリセプト」など認知症のクスリを飲まされる。

ところが「認知症の周辺症状（暴力、妄想、抑うつ、不眠、徘徊など）には、抗認知症薬は、効かないどころか、かえって症状がひどくなるケースが珍しくない。あまりの変貌

ぶりに『どうしたらいいのか』と駆け込んでくるご家族もたくさんいる」（長尾和宏医師、同紙　2017／4／15）

❖わめきながら包丁振り回す

効かないどころか、症状をひどくしている。

「アルツハイマー型認知症の夫に、かかりつけ医から処方された抗認知症薬を飲ませたところ、興奮状態が増し、大声で暴言を吐いた。妻が調理をしているとき、振り向くと、夫がわめきながら包丁を振り回していたこともあった。この時は、殺されるのではないか、との恐怖までいだいた。夫は、認知症を発症するまでは非常に穏やかな性格で、発症後も、認知の低下はあるものの、暴言や攻撃的な行動は見られなかった」（同）

明らかに、抗認知症薬が「穏やかな性格を狂わせた」のです。

向精神薬は、このように暴力、攻撃、殺人あるいは自殺まで引き起こすものも少なくない。そもそもクスリで、心の病は治せない。

〝効く〟のは病院経営だけで、患者も家族も、地獄にたたき落とされます。

❖クスリをやめる！　長生きの第一歩

まずは、老人が〝愛用〟させられている「降圧剤」「コレステロール低下剤」「糖尿病薬」

「認知症薬」さらには「抗ガン剤」などのペテンと恐るべき副作用群について学ぶべきです。浜医師も、つぎのように断言しています。

「薬害は連鎖反応し悪化し、死ぬ場合も」「薬剤の大部分は対症療法」「治す反応を邪魔するので本質的に〝毒〟」「薬に寿命延長効果はない(逆にちぢめる!)」「主作用(薬効)は一つ。副作用は何十、何百……」「新薬は〝効果〟だけ過大評価され、危険は隠される」

有名なエピソードがあります。

「イスラエル全土で病院がストをしたら、同国の死亡率が半減した」

つまり、人類の二人に一人は病院で殺されている!

「現代医学の神は〝死神〟で、病院は〝死の教会〟である」

ロバート・メンデルソン博士の有名な警句です。

つまり、現代の病院の正体は、有料人間屠殺場なのです。年寄りにクスリを強要する老人ホームも、有料老人屠殺場です。

職員は、死刑執行人と、なんら変わりはありません。

むろん、介護士さんたちは善意のかたまりでしょう。その〝善意〟が入居者を苦しめ、殺していることに、気づくべきです。

むろん、クスリを突然止めてはいけません。段階的に少しずつ、減らして、ゼロにしていきます。デトックスの専門医の指導があれば理想的です。

❖五つの長寿法を実行しよう

「クスリをやめて、どうしてお年寄りが健康になれるんだ？」

疑問に思うのもとうぜんです。

健康と長命は、かんたんです。次の五つを実行すればいいのです。

これらは、すべて自然療法です。そして、副作用はゼロ……！

①少食（食事半分で寿命は二倍！、断食は万病を治す）

②菜食（肉好きより心臓病死八分の一、大腸ガン死五分の一、糖尿病死四分の一）

③長息（息を二倍長く吐くと、寿命は二倍伸びる！　ヨガの教え）

④筋トレ（筋肉から若返りホルモン！　ガンは三分の一に）

⑤笑い（生命力アップ！　万病が治る）

これが5つの長寿法です。

おねがい

▼クスリの強制は、もうやめてください（殺人に等しい）

▼クスリの害を入居者に啓蒙してください。

▼「薬毒デトックス」をすすめてください。

▼五つの長寿法を、実践してください。

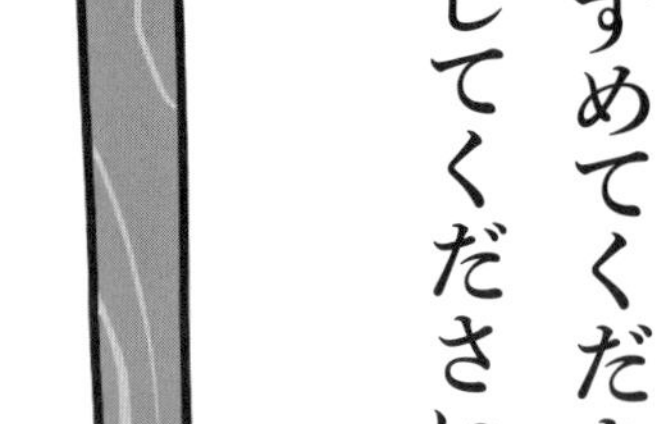

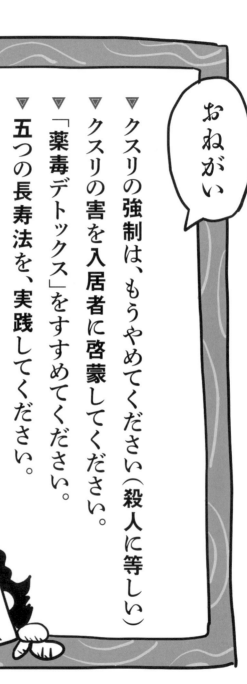

第15章

死ぬまで恋を！

SEXが多いほど長生きする！

62

性的興奮のある人は二倍生きる

❖エロスとは生命という意味

「……死ぬまでSEX!」という特集企画が、週刊誌で長期連載されています。

現在、週刊誌の読者層は高齢化しています。

それでも、エロスへの関心はつきないのでしょう。

エロスとは、本来はギリシャ語で、哲学用語です。

ほんらいは、ギリシャ神話における「愛の神」の名です。それは、ローマ神話では「キューピッド」に相当します。ギリシャ哲学では、パトス（情熱）、ロゴス（論理）、タナトス（死滅）、コスモス（宇宙）というように表現されます。同様に、エロスは（生の欲動）の意味なのです。生命の本質は愛であり、男女の愛によって生まれるものです。

そこから、エロスは男女の性愛に意味が転化していったのです。

さらに、日本では〝エログロ・ナンセンス〟などの言葉で大衆文化でひとくくりにされてしまいました。つまり、〝エロ〟は、卑猥で下劣という意味に貶《おとし》められたのです。

エロ親父なんてのは、その典型ですね。（苦笑）

だから、〝エロス〟もイヤラシイ、恥ずかしい――となる。

❖SEXが多いほど死亡率が低い

いっぽうで、食欲、睡眠欲、性欲は、人間の三大欲求であることを、忘れてはいけません。「性欲」がなくなる、ということは「生欲」がなくなる、ということと同義なのです。

「英雄色を好む」という有名な諺があります。

たとえば、古代ローマの将軍ユリウス・シーザーは、肉体的、理知的魅力に富んでおり、女性にもてたという。当時の元老院の三分の一が妻をシーザーに寝取られた、という伝説があるほど。しかし、女性に恨まれたり、嫉妬されることもなかった……というから、いやはや立派なものです。

かつての英雄たちに共通するのは性欲が強かった、ということです。

つまり、「生命力」＝「性欲」なのです。英雄が放つ男性ホルモンが女性たちを引きつけたのでしょう。

また、医学的研究では「ＳＥＸの回数が多い中年男性ほど、死亡率が低い」ことが判明しています。（英、四五～五九歳、九一八人、一〇年調査）

その他、つぎのような研究報告があります。

「寿命には、男性の場合は性交の『回数』が関係し、女性は『質』が関係している」（米デューク大学研究　一九八二年）

また「**性的興奮の頻度が高い男性ほど、死亡率が低い**」という報告もあります。

一か月に一度も性的興奮がないグループの一〇年後の死亡率は、一週間に二回以上、性的興奮のあるグループの約二倍というものです。

つまり、性的興奮のある人は、ない人より二倍生きる……ということですね。

❖日本人よ、もっとセックスを楽しめ

「……私からいわせれば、現代人、とくに日本人はセックスをしなさすぎです。私のいうセックスとは、ただ快楽のためのものではなく、愛を求め合う男女の間で行われる、密接な肉体のコミュニケーションです。以前、男女がお互いをいたわりながら肌を重ねる時間を楽しむという『スローセックス』が話題になりましたが、これもオキシトシン分泌には、とても効果のあることだと思います」

これは、〝愛のホルモン〟として、最近、注目を集めているオキシトシン研究の第一人者、高橋徳医師のアドバイス。(『オキシトシン健康法』アスコム)

63

SEXが、生命力のスイッチを入れる

❖交尾ネズミは溺れない

面白い動物実験があります。

交尾をしていないオスのマウスを、水の中に落とすと、泳いでもすぐに溺れてしまう。ところが、メスと交尾させて水に入れると、がんばって泳ぎ抜き生き残るのです。

SEXが、生命力のスイッチを入れたのです。

「恋愛は、いくつになってもできる」

ネットにつぎの投稿がありました。

「……性欲が旺盛な人は、たいてい生きること自体を楽しみ、趣味や幅広い交流関係を持っているものです。また、強い性欲は、生活の質を高め、毎日の生活にハリや刺激を与えてくれます。年齢を重ねても、女性に興味を持ち続けることのできる男性は、実年齢よりも若く見られることが多く、これは女性にもいえることとです。来日する韓流スターを空港まで出迎えたり、韓国までロケ地めぐりツアーに行く中高年女性の熱狂ぶりをテレビで目にしたことはないでしょうか。あこがれのスターに恋しているかのような彼女たちは、とても生き生きとしていますよね」(ブログ『長生きのヒケツは性欲にあり?』)

64

触れ合うと愛情ホルモン
〝オキシトシン〟が

❖恋人とスキンシップを……!

近年、オキシトシンというホルモンが注目されています。

これは、別名〝愛情ホルモン〟と呼ばれます。

神経ホルモンの一種で、脳の視床下部で生産され、脳下垂体から血液中に分泌されます。

他者と触れ合うことで分泌されることが確認されています。

もっとも多量に分泌されるのが、母親が出産し、赤ん坊を育てるときです。

つまり、母性愛の根源が、オキシトシンなのです。さらに、男女の愛情や信頼でも分泌されます。だから、別名〝幸福ホルモン〟なのです。

オキシトシンが十分に分泌されていると、脳の疲れが癒え、気分は安定し、人にたいする信頼が増し、快い幸福感に満たされます。

ストレスやイライラから解放され、安らいだリラックス状態になれます。

さて――専門家は、オキシトシンをもっとも分泌させる方法は「恋人とのスキンシップである」と明言しています。

だれでも、恋人と抱き合っていると「安心感」「幸福感」に満たされます。

そして、血液中のオキシトシン濃度が、もっとも高まるのがSEXのオーガニズムの瞬間なのです。これこそ、まさに愛情ホルモン！　ＳＥＸによる生理効果の極致ですね。

❖三〇秒ハグでストレス三分の一減

具体的な実験では、人は三〇秒間ハグするだけで、一日のストレスのうち約三分の一が解消されることがわかっています。

恋人同士の触れ合いでなくとも、人に親切にするだけで、オキシトシンが大量に分泌されることが立証されています。

また、犬、ネコなどペットに触れても愛情ホルモンは分泌されます。

東大大学院の研究チームは「オキシトシンを鼻からスプレーすることで、自閉症などコミュニケーション障害が改善される」ことを立証しています。

〝人みしり〟もオキシトシン成分のスプレーで、治ってしまう！

キリストや釈迦は、慈愛を説いています。

まさに、それは、オキシトシンで得られる至福の境地を知っていたからでしょう。

また、「筋肉の老化防止」というアンチ・エイジング効果も確認されています。

「年老いたマウスに、オキシトシンを注射すると、たった九日でマウスの筋肉量が回復した」（米カリフォルニア大バークレー校研究所報告　二〇一四年）

老齢マウスの衰えた筋肉は、若いマウスの約八〇%にまでもどったのです。
これは、オキシトシンの即効性を証明しています。
これまでに判明したオキシトシンの生理効果は以下の五つです。
(1)発情をうながす、(2)ストレス解消効果、(3)心臓を強くする、(4)自閉症の改善、(5)信頼感を増やす。
この素晴らしい生理効果のある奇跡のホルモンを、もっとも豊かに分泌させるのが男女のSEXのひとときなのです。だから、「老いも若きもSEXする。それが、いちばんオキシトシンを分泌させる方法なのです」(高橋医師)

65

入居者のSEX権利は基本的人権

❖障害者施設にあった〝愛の部屋〟

以上——の結論から、高齢者でも、生命力と精神力を若々しく保つためにはSEXは不可欠ということでしょう。少なくとも男女間の愛情交換は必要です。

具体的には、ハグなどのふれあい(スキンシップ)は、きわめて大切であることが、わかります。

しかし、老人ホームなどでは、男女のふれあいなどタブー中のタブーでしょうね。フォークダンスや社交ダンス、さらに婚活など、積極的にふれあいのチャンスを増やすべきでしょう。

わたしは二〇代に、全国の新興宗教団体や共同体を取材したことがあります。

そのとき、ある知的障害者の福祉施設を見学して、感動しました。

男女が愛し合う部屋まで整えていたのです。それはそれは、豪華な部屋でした。

園長さんは、「愛の営みは障害を超えた基本的人権です!」と胸を張りました。

若いわたしは、その愛情の深さに、えもいわれぬ感動を覚えたものです。

介護施設のかたがたにも、同じ崇高な人権意識をもっていただきたい。

それが、ほんとうに愛情に満ちた福祉を実現させるはずです。

おねがい

▼介護現場もオキシトシンなどの効用を学んでください。

▼男女のふれあいを温かく認め、すすめてください。

▼社交ダンス、フォークダンス、合コンなども積極的に。

▼シルバー婚活やカップルの誕生を、応援してください。

第16章

「眠るように……」

死ぬことも、また楽しい

66

延命治療という最後の〝荒稼ぎ〟

❖全身コード、チューブまみれ

「高齢化、こうしてあなたは〝殺される〟」

「一〇人に九人がクスリ漬けであの世行き」

これは、拙著『老人病棟』（興陽館）の警句です。

アンケート調査でも、日本人の九割が「自宅で死にたい」と答えています。

つまり、昔風にいえば「畳の上で、家族に看取られ、逝《ゆ》きたい」。

ところが、ほとんどの人は、医療の現実がわかっていません。

日本人の一〇人に九人は、その願いとは裏腹に、病院の冷たいベッドで息を引き取っているのです。それも、腕には点滴針が刺されて、喉には流動食用チューブ。器官には喀除去チューブ、鼻には酸素吸入器、指にはバイタル測定コード、尿道には導尿チューブが突っ込まれている。

コード、チューブまみれで、まるで人間スパゲッテイのよう。

だから、現代医学では、これを皮肉と自虐まじりに〝スパゲッテイ療法〟と読んでいるのです。

❖点滴は大量薬殺用〝高速道路〟

静脈に刺された点滴針からは多種多様な薬液が流入してくる。

わたしは、点滴こそクスリ漬けの〝高速道路〟と呼んでいる。これなら、一回の注射で、大量の薬液を患者の体内に、注ぎこむことができる。

アメリカの良心の医師、メンデルソン博士は、「点滴」を病院という名の〝死の教会〟で行われる死神の秘事と告発している。

そもそも、点滴の定義を、調べてほしい。

そこには、「経口で、水分の補給が困難な患者にたいして行う緊急措置」とある。

ところが、こんな定義は、現在の病院では、とっくの昔に撥ねとばされている。

入院患者は、ガラガラ点滴装置を引っ張りながら病院内をウロウロして、ロビーの自販機では、缶コーヒーなどを買って、グビリとやっている。

まるで喜劇チックだが、だれも不思議に思わない。

ここまで、現代医療は狂っている……。

医者は、この大量クスリ漬けの〝秘密装置〟点滴を、やめる気配はまったくない。

それどころか、老人が危篤状態になった末期医療で、この点滴チューブは、病院の荒稼ぎに大きな役割を果たす。

67

クスリ漬けで水膨れの〝溺死体〟に

❖死ぬとわかれば大量投薬で稼ぐ

老人病棟では、高齢の入院患者が危篤状態におちいると、待ってました、とばかりに点滴チューブやら、なにやらで、アッというまに〝スパゲッティ〟人間にしてしまう。

かれらは、これを延命治療と呼ぶ。

しかし、『大往生したけりゃ医療とかかわるな【介護編】』（前出）の著者、中村仁一医師は、これを〝香典医療〟と唾棄する。

香典とは、本来、亡くなった遺族が受け取るもの。

しかし、香典医療で、大金をせしめるのは、病院側である。

お棺に遺体を移す、葬儀屋さんの一言が、すべてを物語る。

「昔のお年寄りのご遺体は軽かったけど、最近のご遺体は重いですなぁ」

これは、老人の危篤をいいことに「どうせ死ぬ」とわかっているので、病院は最後の荒稼ぎとばかりに、点滴チューブから、多種多量の薬剤を老人の体に注入する。

その薬液量は、一、二リットルを超える……。

すると、老人の遺体は、薬液で膨れて、ずっしり重くなる。

「それは、医者の世界では、〝溺死体〟と呼んでますね」（中村医師）

つまりは、土左衛門……。最後の荒稼ぎで、クスリ漬けで、水膨れにして、こう呼ぶ医師たちの感覚は、もはや悪魔の世界だ。

❖大量点滴！　これは殺人ですよ

「これは、殺人ですよ！　老人に一日一・五リットル以上も点滴したら、クスリの副作用以前に、点滴で死にます！」

内海聡医師（内科医）は、あきれ果てて叫んだ。

――体の中で〝溺れる〟わけですか？

「そうです。肺水腫、うっ血性心房炎などで死にます」

つまりは、高速大量点滴という恐ろしい〝殺人〟行為で、老人たちは、苦悶のなかで死んでいく……。

しかし、それを訴える術はない。鼻や口にはチューブが差し込まれ、人工呼吸器でふさがれて、おまけに、ベッドにバンドでくくり付けられている。

「苦しい！」「助けて！」「やめて！」といおうにも、声が出せない。動けない。

これは、もはや治療というより、拷問にすぎない。

68

最後は馬のり心臓マッサージで〝とどめ〟

❖肋骨がボキボキ折れて

しかし、拷問はこれからだ。

大量の点滴、大量のクスリ漬けで、ついに脈拍が乱れ、弱まってくる。

すると、若い医者が患者に馬乗りになって、全身の体重をこめて心臓マッサージをする。

手の下で、肋骨が折れる。

しかし、そんなことに、かまっている場合ではない。

汗だくで、数分、数十分の心臓マッサージが行われる。

こうなると、生かそうとしているのか？殺そうとしているのか？　わからなくなる。

そして、ついに、心停止……バイタル・サインの心拍表示がツー……ッと一直線になる。

「ご臨終です」

馬乗りの若い医者は、汗だくでようやくベッドから降りて、頭を垂れる。

「お母さーん！」と、家族の泣き声が病室を満たす……。

そうして医師団は、こうつぶやくのです。

「やれることは、すべてやりましたが、お母様の体力がもちませんでした」

「やることとやったから、死んだんだろーがッ！」

と、私なら襟首をつかむところです。

しかし、医療の悪魔性に気づかない家族は「ありがとうございました」と頭をさげるのみです。

ここにも、無知の悲劇があります。

あなたは、人生の最期に、こんな死に方（殺され方）をしたいでしょうか？

そうでは、ないはずです。

こうして、現代医療は、最後の最後まで、狂っている……のです。

69

〝スパゲッティ〟拷問を避ける指示書

❖延命治療はしないで！と明記

老人の延命治療の〝地獄図〟は、『老人病棟』（前出）で詳述しています。

大切な人を末期医療で苦しめないためにも、ぜひ一読してください。

無知こそ、最後に、最悪の悲劇をもたらすのです。

ここまで読んだだけでも、人生の最後に〝スパゲッティ治療〟を受けたいと、思うひとは皆無でしょう。

しかし、あなたが危篤状態で集中治療室に担ぎ込まれたら、まちがいなく〝スパゲッティ〟にされてしまいます。

それを防ぐには、これら「延命治療を拒否する」意思表示が必要となります。

しかし、危篤状態では、意識ももうろうとしている。

だから、元気なうちに「延命治療はしないでください」と明記した文書が必要です。

これが、〝リビング・ウィル〟です。〝生前の指示書〟という意味です。

医師も悪意で、延命治療を行っているわけでありません。

現在の救命医療の公的ガイドライン（指示書）では、一秒でも延命する……という建前で、〝スパゲッティ治療〟が義務化されているのです。

それを行わないと、医者が義務違反で処罰されます。

だから、〝スパゲッティ〟を避けるには、生前につくった〝文書〟が必要になります。

そこには、本人の意思表示を証明するため、署名、捺印、日付が必要です。

それを、家族なり本人が、病院側に示して、了解を得ておくことです。

これで、あなたは〝スパゲッティ〟の拷問から逃れて、安らかに旅立つことができます。

70

まず、具合が悪ければなにも食べない

❖腹が減らねば、そろそろ死に時

老人も、具合が悪ければ、断食（ファスティング）をして、静かに横になっていることです。

三日、四日たって病気が治ると、腹が減ってきます。

つまり、まだ〝死に時〟ではないのです。

起き上がって、重湯あたりを口にすれば、また、元気が出てきます。

いくら寝ていても、腹は減ってこない。じつに、やすらかに寝ている。なら、そろそろ死に時なのですね。なにも食べずに静かに寝ている……うちに、本人も気づかないうちに、天に召される。

これが理想的な逝きかたです。

だから、刺されて、切られて、盛られて、苦痛だらけの病院のベッドの死にかたが、いかに残酷で不自然かが、よくわかります。

71

最新学問でも〝あの世〟は存在する？

❖異次元パラレルワールドか？

ほんらいの死は、安らかで、苦痛も、なにもなく、荘厳なものなのです。

それと、どうも〝あの世〟というのは、あるらしい……のですね。

あなたは、幽体離脱という現象をごぞんじですか？　人間がなくなると、幽体が肉体から離れる現象です。幽体とは意識体のことです。別の見方をすれば〝魂〟です。その幽体が亡くなったあと自分の遺体を上から見下ろして、さらに周囲の様子も見下ろしている。

なぜ、そんなことがわかるのかというと、幽体離脱したあとに、もういちど肉体が蘇生して、幽体が肉体にもどった症例が、世界中で数多く臨床報告されているのです。これが臨死体験です。この奇妙な現象を、世界の医学者、物理学者たちが、真正面から研究を進めています。そうして、どうやら、〝あの世〟とは、われわれと同じ空間に存在する〝異次元〟のようなのです。幽体離脱のほか、ムシの知らせとか、前世を記憶する子どもたちの存在とか……異次元が存在しないと、説明できないのです。

時空を超えた〝別次元〟で、愛しいひとたちは、生きているのかもしれない……。

古来のひとたちが伝承してきた天国や極楽が、あるのかも……と思えば、死ぬことも、なんだか、楽しくなりそうですね……。

おねがい

▽〝スパゲッティ治療〟について学んでください。

▽入居者に「生前指示書」を説明してください。

▽ファスティング（断食）末期を認めてください。

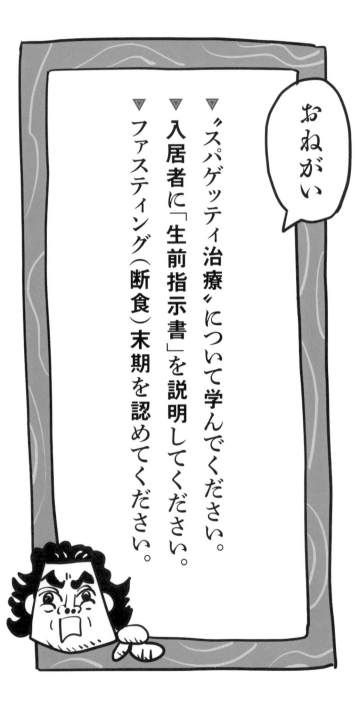

第17章

「ここがおかしい日本の介護」

日本は寝かせきり老人、世界ワースト1

72

「教育」「行政」「利権」みんなヘンだ！

❖日本はスウェーデンの八倍

……スウェーデンでは長期ケア施設での「寝たきり老人」の割合は、四・二%。これにたいし、日本は三三・八%(八倍)。これは先進諸国の中で、最悪の数字です。(一九八八年)

これは、元・松下政経塾研究員、山井和則氏の報告。彼は、世界七か国を約八か月かけて回り『体験ルポ 世界の高齢者施設』(岩波新書)にまとめています。

彼は、そこで「寝たきり老人」とは「寝かせきり老人」である、と断じています。

つまり「福祉やケアが行き届かないための〝人災〟」といいます。

さらに、日本は、年寄りとの同居率が約五〇%。しかも、寝たきり老人の介護者の平均年齢はほぼ六〇歳で、その九割が女性です。体力的な問題もあります。

アメリカでは同居率一〇%ほど。北欧のスウェーデン、デンマークは二%と、日本の二五分の一。つまり、北欧では老夫婦世帯か一人暮らしなのです。

この根底には、北欧人の独立心があるようです。

山井氏が「家族と離れて寂しくないか?」と質問すると一〇人中一〇人が「子どもに面倒見てもらうくらいなら、死んだほうがマシ」といい切ったのです。

バイキングの血を引く北欧人の、独立独歩の精神は、アッパレとうなるしかありません。

73

米国「ヘルシー・ピープル計画」の快挙

❖国家規模で健康寿命を延ばす

では、アメリカはどうでしょう?

「……健康先進国アメリカの挑戦――ヘルシー・ピープル計画――。今、アメリカでは寝たきり老人の数は、減りつつあります。人口は日本の約二倍であるにもかかわらず、寝たきり老人の数は日本の約五分の一です」(ブログ「アメリカの予防医学」)

これで、日本の寝たきり老人は、ほぼ北欧の八倍、アメリカの五倍であることがわかります。アメリカ人といえば、肥満天国の不健康なイメージがあります。

しかし、お年寄りたちはどうも別のようです。

「アメリカでは、二〇一〇年に、高齢化社会に突入するという現実をポジティブにとらえ、健康で自立した楽しい人生を送れるように、一九八〇年から――ヘルシー・ピープル計画――を打ち立てました。これは、国家を先頭に、官庁、国民、民間企業や大学の研究室、市民団体が協力して、一丸となって、『寝たきり老人を減らして、健康寿命を延ばそう』という挑戦です」(同ブログ)

このプロジェクトのきっかけは①老人医療費の増大、②確実な高齢化予想の二つです。特徴は「予防医学」への取り組みです。それにより……。

●寝たきり原因の心臓病、脳卒中、骨粗しょう症を予防する。
●若い頃から健康について学習の場を増やし意識を高める。
●意識と学習で高齢者になったとき寝たきり老人を減らせる。

❖日本政府が進める〝病人狩り〟計画

なんと、素晴らしいこころみでしょう! アメリカの官民あげての熱意が伝わってきます。

では——。日本には、この「ヘルシー・ピープル計画」に匹敵するような、こころみはあるでしょうか?

見渡すと、ただ首をふるしかありません。

それどころか、政府が積極的に進めているのが、〝ヘルシー〟ならぬ「シック・ピープル計画」です。その実態は〝病人狩り〟です。

政府が強力に推進する「メタボ検診」「がん検診」「人間ドック」「脳ドック」「定期健診」という五大検診の正体は、まさに〝病人狩り〟そのものです。

アメリカと日本の差には、呆然とします。

その原因のひとつが国民、患者の無知です。

日本人は正直だ……といわれます。しかし、その頭には〝馬鹿〟がついているのです。

74

一〇〇歳超老人の割合は日本の三倍

❖アメリカの三〇〇項目以上の目標リスト

ヘルシー・ピープル計画の目標は――

(1)「健康寿命」延長、(2)介護高齢者の減少、(3)医療費の抑制――の三点です。

このプロジェクトで感心するのは、たんなるかけ声倒れではないことです。「将来、起こりうる病気」を、若い頃から予防する。

そのため、「食生活」「運動」など具体的な目標三〇〇項目以上のリストを作成して、国家、国民が一丸となって、挑戦したのです。

「……今、アメリカでは、その成果が着々と現れ、項目として掲げたうちの六〇が達成され、二〇〇〇年一月に新たな『一〇か年計画』が開始されています」（同ブログ）

この遠大なプロジェクトの成功で、医療費にゆとりが生まれ、お年寄り一人一人への充分なケアが可能となったのです。

❖日本は要介護、米国は筋トレ！

その成果のひとつが、単位人口あたりの一〇〇歳以上の割合が、日本の三倍という事実です。そして、着目すべきは、日本の一〇〇歳超老人は、ほとんど要介護か寝たきりなのに、アメリカでは散歩や釣りを楽しんだり、コーヒーを入れるなど自立して生活をエンジョイしていることです。

日本は世界一の長寿国といいながら、人生の最後、約一〇年間は要介護老人なのです。

アメリカの百寿者が、なぜ元気なのか?

これもヘルシー・ピープル計画の成果です。

つまり、一〇〇歳老人でも筋トレ、ボディビルやウォーキングなどの運動は欠かさない。

だから、筋肉もひき締まった元気老人が、人生を謳歌しているのです。

75

日本は寝かせきり老人世界ワースト1

❖〝死体〟置き場のような病棟

日本は長寿国というのは、国際的には自慢になりません。

ほんとうの寿命とは、だれにも世話にならない健康寿命のことです。

人生の後期、約一〇年間も要介護で過ごす日本人……、その寝たきり等の年数は、世界ワースト1です。

日本は男性が要介護期間九・二年、女性は一二・七年。いずれも世界最悪です。

平均寿命から要介護期間を引いた期間が、ほんらいあるべき健康寿命です。

男性七〇・四歳は、英、独、仏、伊などヨーロッパ六か国より下に陥落です。

わたしの知人のK医師は、「いい勤務先がある」と紹介され、埼玉県の山奥の老人クリニックに出向いて、驚愕した。

「老人病棟です……」と案内された建物は、昼間なのに、ほとんど真っ暗。

それでもベッドが一〇〇近くもある。

暗がりに目が慣れると、すべてのベッドにお年寄りが横たわっていた。

「イビキどころか咳ばらいも聞こえない」

彼は最初、死体置き場かと思ったそうです。

目をこらすと、ほとんど骨と皮のようになった無数の老人が点滴や胃ろうで、意識もなく、ようやく生き長らえていることがわかった。

「わたしは、ゾゾッ……と背筋が寒くなり、その場を逃げ出しました」

この老人クリニックへの新任医師は、数週間でやめていくそうです。

静まり返った〝死体〟置き場で、老人たちは、ただ生かされている……のです。

その介護費、医療費で、クリニックだけは、労せずして巨利を得ているのです。

❖ここに日本の介護の末路がある

ここに、食事漬け、クスリ漬け、点滴漬け……の日本の介護の成れの果てがあります。

もはや、ベッドに寝かせきりの老人たちの体は、枯れ木のように固まり、寝返りすらうてない。

それは、もはや〝生きている〟だけの死体と変わらない。

日本の介護の正体とは――介護利権で、年寄りの命、カネを吸いつくす――ことでしかなかった。

だから、施設内に閉じこめ、運動はさせず、自立心を奪い、食事とクスリを大量に与えて、病人に仕上げて、寝かせきりにして、死ぬまで稼ぐ……。

その末路が、照明もない、暗い〝死体置き場〟なのです。

76

「欧米に寝たきりはいない」理由

❖病院利益を産む生きた屍

「意識のない患者をチューブで生かす胃ろう」「自力呼吸できない患者を生かす人工呼吸器」「動くことも寝返りもうてない植物人間」「身体は完全に変形し、もはや人間とは思えない」……それでも、〝生きている〟だけで、病院に利益を供給してくれる。

この日本の現状は、まさに老人虐待そのものです。

それは、病院の利益を産む生きた屍《しかばね》としての存在でしかない。

『欧米に寝たきり老人はいない』（宮本顕二・礼子著　中央公論新社）という話題の本があります。

夫婦で医者の二人は、北欧、スペイン、オーストラリア、米国の六か国を歴訪し、終末医療の現場を視察しています。

そして、夫妻は、欧米と日本の老人医療の落差にがくぜんとしているのです。

❖無理に食べさせてはいけない

その結論は――

「欧米の高齢者医療は、苦痛の緩和とＱＯＬ（生活の質）向上」「人生は楽しむためにある」（スウェーデン）、「ほとんどの人が延命治療を望まない」（オランダ）。

夫妻はこう断言する。

「自分にして欲しくないことを、患者にしてはならない」

だから、欧米では、日本と真逆な老人医療が常識となっている。

「食欲がなく、食事に興味をなくした入居者に、無理に食事をさせてはいけない」

「たんに栄養状態改善のための積極的介入は倫理的な問題をはらんでいる」

「口渇は少量の水、氷を口に含ませる。(点滴)輸液では改善しない」

「もっとも大切なことは、入居者の満足感であり、最良の輸液ではない」

これは、オーストラリア政府の介護指針。

〝積極的な介入〟とは、無理に口に押し込んだり、点滴による高カロリー輸液や、胃に穴をあけチューブで栄養注入する胃ろうなどを指す。

日本では、老人病院や介護施設で、あたりまえに行われている。

77

日本は、自宅で亡くなると警察が来る

❖まるで殺人事件の犯人あつかい

わたしは、もっとも自然な死にかたは、ファスティング（少食、断食）による〝死〟である……と書きました。

しかし、夫妻は、欧米と異なる日本の現状にがくぜんとします。

「ドッキリ、自然な看取りなのに、警察が介入してきた」

わたしも似た話を聞きました。わたしの母方、義理の叔母は腎臓の持病を患っていました。

叔父が帰宅すると台所に倒れて事切れていたそうです。

念のため、警察にも連絡すると、やってきた刑事は、開口いちばん、こうたずねたのです。

「奥さんとの仲は、いかがでしたか？」「奥さんに保険金をかけていませんでしたか？」

まるで、殺人事件の犯人あつかいです。

そして、遺体を座敷に寝かせようとしたら「ダメダメ！　現場はそのまま！……」。

❖かかりつけ医を決めておく

つまり日本では理想の畳の上で死ぬと、警察がやって来るのです。

そして、家族は、殺人の容疑者あつかいです。

「病院で死んだときこそ、やって来い！」といいたい。

人類の二人に一人は病院で〝殺されている〟。「ガンで死んだ」とされるガン患者の八割は、病院で虐殺されている。ガンの医者は、一〇〇〇人殺して一人前なのだ。

病院こそ大量殺戮工場なのだ。

逮捕するなら医師を筆頭に、全員に手錠をかけろ！といいたい。

宮本夫妻も前著で、こうのべています。

「もし、自宅で自然に看取ったばあい、かかりつけ医がいないと、警察が検死に来るばあいがあります。時には、警察官が近所で聞き込みをすることもあり、ご近所から老人虐待を疑われてしまいます」「何もなかったとしても、この疑いは何年も残ります。そんないやことはありません。故人も望むわけがありません。そうならないためには、普段からかかりつけ医を決め、終末期はどうするかを、話し合っておくべきです」（同書）

おねがい

▽輸液、胃ろう等の害を患者に教える。
▽延命治療の植物人間化は避けるべき。
▽米「ヘルシー・ピープル計画」を見習う。
▽北欧並み介護・終末基準を採用する。
▽自宅での看取りを支える制度確立を。

第18章

「健康寿命一二〇歳!」

長寿郷の超老人たちに学ぼう!

78

よく働き、よく笑い、よく恋をする

❖一生の食事・呼吸量は決まっている

「一九七〇年代にはネ、世界の長寿郷には一五〇歳代がゴロゴロいたんですよ」

八九歳の森下敬一博士は、相好を崩して、愉快そうな笑顔です。

マサカ……とあなたは、耳をうたがうでしょう。

しかし、私の畏敬するヨガの沖正弘導師も、一九六〇年、インドで一五二歳のヨギ(ヨガ行者)を取材しています。

当時、インドでも有名だったその行者の名は〝バーバ〟。

三メートルほどの高さの粗末な掘っ立て小屋に住んでいた。

「……バーバが姿を現した。やせ気味ではあるが、がっしりとした、いい体格だ。胸毛の生えた胸をグッとそらし階段の上に立った。体つきはどう見ても五〇代にしか見えない」

(沖正弘著『ヨガの楽園』光文社)

若い沖青年は、たずねます。

「どうして、一五二歳まで生き、そのように元気なのですか?」

「なにか秘訣でもあるのですか?」

バーバは答えます。

「しいていえば、不合理な欲を持たず、ただひたすらヨガの教えを実行してきた」

さらに、日本から来た若者に、ゆったりと諭したのです。

「われわれに与えられている一生の食べ物の量や、呼吸する空気の量は、生まれたときから決まっているから、**できるだけ時間をかけて食べ、ゆっくりと呼吸や脈拍をさせるのが長生きの基本となるのだ**」

少食長寿、長息長命——これは、東洋に伝わる長生きの秘訣です。

一五二歳のヨガ行者も、同じ真理を諭しているのです。

どうです？

あなたも、生き方のヒントにしては、いかがでしょう？

一五〇歳はムリとしても、まずは一〇〇歳くらいは生きるつもりで、人生ゆったり考えてみませんか？

すると、その第一歩は「ヒトに頼るな、オノレに頼れ」の自助自立であることに気づかれるでしょう。

79

六七回長寿郷踏査!
森下博士の壮挙

❖秘境こそが理想郷だった

森下博士が踏査した長寿郷の超老人たちも、同じような生きかたをしていました。

森下長寿調査団が、歴訪した調査回数は、なんと六七回……！

代表的な五大長寿郷は「コーカサス地方」「フンザ」（パキスタン）、「ビルカバンバ」（エクアドル）、「新疆ウイグル」（中国北西部）、「巴馬（バーマ）」（中国広西）……。

これら長寿郷に共通するのは、人跡未踏とも思える秘境に位置していることです。

いずれも共通するのは、空気、水が澄み切っていること。

作物を自然のままに、質素な調理法で食べていること。

傾斜地が多く、住民は足腰が強い。

さらに、大家族で、親族の仲がよい。

老人を敬う伝統がある。

陽気で笑い声が絶えない。

それぞれが、畑仕事、手仕事など、生きがいを持っている。

調査団が出会った一〇〇歳超老人は、みんな、日々仕事を持っており、寝たきりや、要介護は皆無だった。

80

長寿フンザ食は一〇〇％完璧だった!

❖五〇〜六〇代に見える百寿者

その真理を証明するのが、長寿郷フンザの食事を研究したマッカリソン博士の報告です。時は一九二〇年、インド国立栄養研究所に、英国から所長として赴任したR・マッカリソン博士は、長寿郷フンザの存在を知り、さっそく調査に赴きます。

それは、まさに秘境で、山の斜面に段々畑がある僻地でした。

博士は、そこで働く老人たちの多くが一〇〇歳以上である事実に驚愕します。どうしても、かれらは五〇〜六〇代にか見えなかったからです。

❖マッカリソン実験の衝撃

研究所にもどったマッカリソン博士は、驚愕体験の謎を解明するため、以下の実験に取り組みます。

それは、マウスをA、B、C三群に別けて、比較観察を行ったのです。

■A群：フンザ食

チャパティ（主食の雑穀パン）、もやし、生ニンジン、生キャベツ、殺菌させていない生牛乳。

■B群：インド食

当時のインド人が常食していた食事。米、豆類、野菜、肉類などを香辛料の調味料で料理した。

■C群：西洋食

白パン、バター、ミルク、砂糖入り紅茶、野菜の煮付け、ハム、ソーセージ、ジャムなど。

これら三種類の食事を、A、B、C群のネズミに生涯にわたって与えたのです。

その結果は、マッカリソン博士たち研究所スタッフを驚愕させます。

81

洋食ネズミは病み、狂い、共食いした

❖封印された「不都合な真実」

実験は生後すぐのマウスからはじめられ、二七か月続行された。これは人間の寿命に換算すると五〇歳までに相当します。

それから、三群のマウスを解剖して、全身の組織切片標本を作成し、丹念に、顕微鏡などでA、B、C群のちがいを精査、観察、比較したのです。

その結果は、驚嘆すべきものでした。

■A群:フンザ食:マウスは、ただの一匹も、ただの一か所も、病的変化は観察されず、一〇〇%完璧な健康状態だった。

■B群:インド食:マウスの約半数に、脱毛症、う蝕症(虫歯)、肝炎、腎炎などの病変が発症していた。

■C群:西洋食:マウス全匹に、例外なく、各種各様の病変が検出された。また、この西洋食群では、身体的病変のほか、精神異常もみられ、共食い現象を引き起こした。

――この結果、いかがですか? もはや、説明の必要もないでしょう。

この画期的なマッカリソン実験は、その後、世界の栄養学界、医学界から、隠蔽され、闇に封印されて、今日にいたります。マスコミもいっさい、報じません。

それは、ペテン栄養学、医学で世界人類を〝洗脳〟してきた〝闇の支配者〟にとって、あまりに衝撃的な「不都合な真実」だったからです。

フンザを食べたマウス

インド食を食べたマウス

西洋食を食べたマウス

82

歌と踊りが大好きな超老人たち

❖日々を楽しみ、満足する

森下博士は、これら超長寿者たちに、おおいに学ぶべきという。

まず、かれらは、例外なく表情が穏やかです。

静かな笑みをたたえている。

人なつっこい。日々に満足している。

「ご機嫌うるわしい状態では、自律神経や内分泌組織にも、心地よい刺激をあたえる。また、歓喜が心臓の鼓動を高め、その他、内臓器官に快適な影響をおよぼす」（森下博士）

さらに、博士は、長寿者たちの日々を楽しむ生き方を称える。

「……長寿者たちは、国のいかんを問わず、一般に歌と踊りが大好きである。活気に満ちあふれている。出会った世界の長寿者は、例外なく、物ごしは穏やかであるが、陽気であり、活気いっぱいの好人物ばかりであった。そして、同時に物事に新鮮な感覚で快く受けとめる精神状態が若さの秘密である——ということも、教えてくれた」

日本の老人介護の現場でも、見習うことはおおいはずです。

（参照　拙著『健康寿命１２０歳説』三五館）

おねがい

▽『健康寿命120歳説』を参考書にしてください。

▽森下調査団報告を介護現場で生かしてください。

▽ヨガ菜食、フンザ食等を、給食に加えてください。

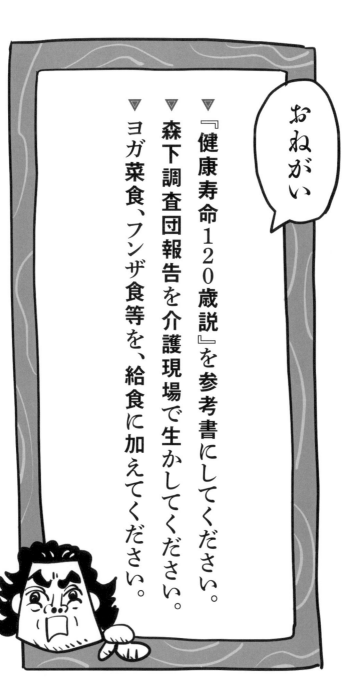

あとがき

目覚めよ！　八〇〇万人、団塊の世代

――ひとに頼るな、おのれに頼れ

❖二〇二五年問題に備えよ

まえがきでのべたように、二〇二五年に団塊の世代が七五歳以上の後期高齢者にたっします。

それ以降は二二〇〇万人、四人に一人が七五歳以上という超高齢社会が到来するのです。

団塊の世代八〇〇万人こそ、日本の経済成長を支えてきた世代です。

日本を豊かにしたのは、かれらの頑張りがあったからです。

その日本を支えてきた世代が、老人福祉の給付を受ける側に回るのです。

医療、介護、福祉の需要が〝爆発〟します。

一〇〇〇万人近い後期高齢者を、いったい〝だれ〟が支えるのでしょう。

医療費、介護費、福祉費の破綻は、目に見えています。

❖ひとに頼るな、おのれに頼れ

だから、わたしは、こういいたい。

――ひとに頼るな、おのれに頼れ――。

そこで大切なのは、真実の情報です。

世界を支配してきた悪魔的勢力が流してきた〝洗脳〟情報に、気づくときです。

「健診を受けろ！」「クスリを飲め！」「病院に来い！」「肉を食え！」……などなど。

わたしが本書で明らかにした情報に、あなたは驚愕したはずです。

テレビ、新聞でいってねぇじゃん。そのとおり。

テレビ、新聞も、〝かれら〟が支配してきた大衆〝洗脳〟装置なのですから……。

この世界の裏側を知らなければ、表の真実も見えてきません。

詳しくは、拙著を参考にしてください。

無知は罪であり、知ろうとしないことは、さらに深い罪なのです。

❖まずは、実践、五つの実行

では――。

超高齢社会を生き抜く知恵を、再度、ここにあげておきます。

それは、五つの知恵と実践です。

(1)**少食**、(2)**菜食**、(3)**長息**、(4)**筋トレ**、(5)**笑い**……です。

いずれも、いっさいお金はかかりません。

ただで、どこでも、かんたんに、できます。

本書は、介護の問題と提案をとりあげました。

しかし、本来の理想は、介護に頼らず、人生をまっとうすることです。

高齢社会を生き抜く、五つの知恵を日々実践すれば、それは可能となります。

さあ！今日から、実行していきましょう。

まずは、全身筋トレ、アイソメトリックスから、やりますか……！

二〇一七年五月九日

船瀬俊介

※本書『まちがいだらけの老人介護』は『老人病棟』と『年をとってもちぢまない　まがらない』とともに老後対策・三部作としてまとめたものです。
まとめて、お手元に置いてください。
パワフルな老後を生きるあなたのガイドブックとなるでしょう。

■主な参考文献

『欧米に寝たきり老人はいない』（宮本顕二・礼子著　中央公論新社）
『介護ポケットナビ』（大阪府介護福祉士養成校連絡協議会編　メヂカルフレンド社）
『介護スタッフのための安心！「食」のケア』（地域食支援グループ　ハッピーリーブス著　秀和システム）
『事例で学ぶ介護サービスNG集』（内田千惠子・篠崎良勝監修　日本医療企画）
『介護スタッフのための安心！「薬」の知識　第2版』（中澤巧他著　秀和システム）
『大往生したけりゃ医療とかかわるな【介護編】』（中村仁一著　幻冬舎）
『薬は毒だ』（田村豊幸著　農山漁村文化協会）
『医療殺戮』（ユースタス・マリンズ著　天童竺丸訳　面影橋出版）
『老人病棟――高齢化！こうしてあなたは〝殺される〟』（船瀬俊介著　興陽館）
『寝たきりにしない自宅介護』（峯村良子著　小学館）
『長生きしたければ朝食は抜きなさい』（東茂由著　河田書房新社）
『がん患者は玄米を食べなさい』（伊藤悦男著　現代書林）
『老人病院』（黒川由紀子編　昭和堂）
『長生き名人に学ぶ百歳食事典』（永山久夫著　光風社出版）
『女が１００歳までボケない１０１の習慣』（白澤卓二著　アスコム）
『奇跡が起こる半日断食』（甲田光雄著　マキノ出版）
『不食――人は食べなくても生きられる』（山田鷹夫著　三五館）
『「食べない」生き方』（森美智代著　サンマーク出版）
『臨終の七不思議』（志賀貢著　三五館）

『年をとっても ちぢまない まがらない』(船瀬俊介著　興陽館)
『健康寿命120歳説』(船瀬俊介著　三五館)
『小食のすすめ』(明石陽一著　創元社)
『無敵の「1日1食」』(三枝成彰著　SBクリエイティブ)
『薬剤師は薬を飲まない』(宇田川久美子著　廣済堂出版)
『「食」を変えれば人生が変わる』(山田豊文著　河出書房新社)
『笑いヨガのすすめ』(大久保忠男著　幻冬舎メディアコンサルティング)
『なぜ、マーガリンは体に悪いのか?』(山田豊文著　廣済堂出版)
『10年後、会社に何があっても生き残る男は細マッチョ』(船瀬俊介著　主婦の友社)
『できる男は超少食』(船瀬俊介著　主婦の友社)
『和食の底力』(船瀬俊介著　花伝社)
『食事で治す心の病』(大沢博著　第三文明社)
『治すヨガ』(船瀬俊介著　三五館)
『飲み水にこだわれば、健康に生きられる』(ノーマン・ウォーカー著　徳間書店)
『やってみました!1日1食』(船瀬俊介著　三五館)
「笑う100歳に学ぶ心と体55の習慣」(『日経おとなのOFF』2016/11)
『かんたん「一日一食」!!』船瀬俊介著　講談社)
『食べない人たち』(秋山佳胤・森美智代・山田鷹夫著　マキノ出版)
『断食博士の「西式健康法」入門』甲田光雄監修　三五館)
『〝陰陽の考え方〟を身につけて直感力を高める』(勝又靖彦著　キラジェンヌ)
『プチ断食と長吐き呼吸』(龍村修監修　ブルーロータス・パブリッシング)

『医療詐欺』（上昌広著　講談社）
『伝統食の復権』（島田彰夫著　東洋経済新報社）
『老夫婦が壊される』（柳博雄著　三五館）
『笑いの免疫学』（船瀬俊介著　花伝社）
『「おうち断食」で病気は治る』（森美智代著　マキノ出版）
『食養生で病気を防ぐ』（鶴見隆史著　評言社）
『がん患者よ、医療地獄の犠牲になるな』（近藤誠・ひろさちや著　日本文芸社）
『がん放置療法のすすめ』（近藤誠著　文藝春秋）
『食事を正しくすれば、老化は防げる』（ノーマン・ウォーカー著　徳間書店）
『「酵素」の謎』（鶴見隆史著　祥伝社）
『現代人のための瞑想法』（アルボムッレ・スマナサーラ著　サンガ）
『健康診断・人間ドックが病気をつくる』（中原英臣他著　ごま書房）
『からだすっきり黒酢健康法』（小笠原公監修　評言社）
『デキる社員は「朝食抜き！」』（堤佑子著　三五館）
『若々しく１２０歳まで生きるヒント』（野村正和著　幻冬舎）
『朝だけ断食で、９割の不調が消える！』（鶴見隆史著　学研プラス）
『驚異の乳酸球菌』（河合康雄他著　ＪＰＧ）
『お茶と長寿』（根本幸夫他著　曜曜社出版）
『超少食で女は20歳若返る』（船瀬俊介著　光文社）
『断食でがんは治る』（鶴見隆史著　双葉社）
『酵素ファスティングバイブル』（酵素ファスティング研究委員会著　キラジェンヌ）

『血液をきれいにして病気を防ぐ、治す』（森下敬一著　講談社）
『断食のすすめ』（寺井嵩雄他著　柏樹社）
『無病法――極少食の威力』（ルイジ・コルナロ著　中倉玄喜訳　ＰＨＰ研究所）
『「かかと」整体で絶不調がスッキリ消える！』（米澤浩著　さくら舎）
『天然のインスリン菊芋の驚くべき効能』（高橋玄朴著　いしずえ）
『脊柱管狭窄症の９割は自分で治せる』（門間信之著　現代書林）
『「長生き」したければ、食べてはいけない!?』（船瀬俊介著　徳間書店）
『老化は食べ物が原因だった』（ベンジャミン・Ｓ・フランク著　市川桂子訳　青春出版社）
『メタボの罠――「病人」にされる健康な人々』（大櫛陽一著　角川ＳＳコミュニケーションズ）
『24時間断食の秘密』（藤本憲幸著　大陸書房）
『論より証拠！ガンをなおす「いずみの会式玄米菜食」』（中山武著　花伝社）

まちがいだらけの老人介護

心と体に「健康」をとりかえす82の方法

2017年8月15日　初版一刷発行

著　者　船瀬俊介

発行者　笹田大治
発行所　株式会社興陽館
〒113-0024
東京都文京区西片1-17-8 KSビル
TEL:03-5840-7820
FAX:03-5840-7954
URL://www.koyokan.co.jp
振替:00100-2-82041

カバー・本文イラスト　つぼいひろき
ブックデザイン　福田和雄（FUKUDA DESIGN）
校　正　結城靖博
編集補助　宮壽英恵
編集人　本田道生

印　刷　KOYOKAN, INC.
D T P　有限会社ザイン
製　本　ナショナル製本協同組合

Printed in Japan
ISBN978-4-87723-216-0 C0095

定価（本体 1300 円＋税）ISBN978-4-87723-210-8 C0095